Copyright© Ninfa Parreiras

Projeto Gráfico Rex Design
Coordenação Editorial Editora Biruta
Revisão Waltair Martins
1ª edição 2008

Dados Internacionais de Catalogação
ISBN 978-85-7848-017-2

Dados Internacionais de Catalogação na Publicação (CIP)
(Câmara Brasileira do Livro, SP, Brasil)

Parreiras, Ninfa
O brinquedo na literatura infantil : uma leitura psicanalítica /
Ninfa Parreiras. São Paulo : Biruta, 2008.

ISBN 978-85-7848-017-2

1. Brinquedos - Aspectos psicológicos 2. Imaginação nas crianças 3. Literatura infanto-juvenil - História e crítica 4. Livros e leitura
para crianças 5. Psicologia infantil
I. Título.

08-08820	CDD-809.89282

Índices para catálogo sistemático:
1. Representações do brinquedo na literatura
infantil : História e crítica   809.89282

Todos os direitos desta edição reservados à
Editora Biruta Ltda.
Rua Coronel José Euzébio, 95
Vila Casa 100 - 5 | Higienópolis
CEP: 01239-030 | São Paulo | SP | Brasil
Tel.: 55 11 3081-5741 55 11 3081-5739
biruta@editorabiruta.com.br
www.editorabiruta.com.br

A reprodução de qualquer parte desta obra é
ilegal, e configura uma apropriação indevida dos
direitos intelectuais e patrimoniais do autor.

O brinquedo na literatura infantil:
uma leitura psicanalítica
Ninfa Parreiras

EDITORA BIRUTA

Para Luiz Raul Machado, o primeiro a me abrir, no Rio de Janeiro, caminhos para o universo da literatura para a infância.

Para Bartolomeu Campos de Queirós, que tem me emprestado um olhar cuidadoso na descoberta das palavras e janelas.

Para os meus filhos, Dafne, Ícaro e Lice, as histórias agora escritas no papel. Eles me revelaram brinquedos e descobertas surpreendentes.

Prefácio por Eduardo Rozenthal

Antes de tudo, é preciso assinalar o estilo do texto. A narrativa de Ninfa Parreiras se apresenta de forma simples e espontânea, tornando a leitura o que ela deve ser. Talvez marcado pelo duplo ofício, de escritora para crianças e de psicanalista, o estilo lúdico com que a autora articula temas da mais alta complexidade conceitual, causa grande prazer ao leitor.

Ninfa analisa, basicamente, três temas – criança, brinquedo e literatura infantil – estabelecendo uma certa história dos conceitos correspondentes. Contudo, não se trata de uma história nos moldes tradicionais, isto é, o traçado de um encadeamento direto e cronológico dos fatos respectivos na sua aparente dureza de problemas concretos. Da mesma forma, a autora não se apressa a extrair dos enunciados conceituais, interpretações que constituam apenas *variações*, relativas a uma suposta identidade fundamental do conceito, realidade imutável, sempre igual a si mesma.

Ao contrário, Ninfa não reconhece uma essência ou identidade universal a quaisquer dos conceitos visados. Não há, na sua abordagem, a criança, o brinquedo ou a literatura infantil como identidades fixas, mas que iriam recebendo significados diferentes, de acordo com os períodos históricos que se sucedem. A argumentação textual deixa transparecer a consideração de que criança, por exemplo, é *algo* na modernidade e *outra* coisa no contexto cultural de hoje.

Nesta direção, Ninfa valoriza a diferença no seu significado mais radical, isto é, como diferença absoluta, não relativa a qualquer identidade "natural" que a anteceda. Tal diferença incomparável corresponde à idéia de criação, diferente das noções de modelagem ou de evolução, estas últimas se dando sempre a partir da consideração essencialista de um fundamento. Criação, no sentido forte, é sempre criação de si mesmo e é ela que ocupa o centro para a argumentação dos pontos cruciais deste livro.

Com Ninfa, compreendemos que a criança, na atualidade, não é o adulto em miniatura, sem especificidade própria. Ao contrário, para a criança pertencente ao ideário moderno, cumpria aos pais, tão somente, administrar teleologicamente o bom "método" educacional para que a identidade do adulto, final ou essencial, surgisse a tempo e hora. Somente em meados do século XVIII, uma nova entidade seria criada com características que a distinguem e tornam a criança, um existente absolutamente diferente do adulto. Por esse motivo, a criança vem demandando, cada vez mais, cuidados específicos e um olhar diferenciado que implica a compreensão de necessidades intrínsecas que não se confundem com a mera antecipação da adultidade.

Neste novo quadro, o funcionamento infantil passa a ser matéria diferenciada de diversos saberes. Como Ninfa nos mostra, os brinquedos começam a se dirigir efetivamente para a criança, levando em conta a especificidade do imaginário infantil. Com isso, os brinquedos deixam de ser objetos que reproduzem o mundo dos adultos, ainda que miniaturizados. Também a literatura infantil adquire novos contornos que se poderiam dizer propriamente *infantis* em consonância com as novas concepções singulares da entidade criança.

Não foi, portanto, de modo aleatório que Ninfa escolheu o pensamento psicanalítico como operador interpretativo. Em fins do século XIX, a psicanálise surge em meio às demais "ciências do espírito", no bojo de mudanças culturais de enorme envergadura. O aparecimento da psicanálise é, então, correlativo da mudança radical das práticas discursivas a respeito do sujeito, e seu interesse se coloca, em especial, sobre a criança.

Com efeito, a novidade do discurso freudiano aponta para a sexualidade das crianças. Contudo, Freud não é o descobridor da sexualidade infantil, como alguns autores argumentam. Tais abordagens já haviam sido empreendidas antes, por Evelock Ellis e outros. Na realidade, Freud vai muito mais longe. O radicalismo do seu pensamento está no reconhecimento da abrangência hegemônica da sexualidade infantil. Para Freud, a sexualidade é infantil. Vale dizer, a subjetividade se regula pelas vicissitudes da sexualidade infantil.

Da teoria freudiana, Ninfa extrai os complexos conceitos de "pulsão de morte" e de "compulsão de repetição"; da obra de Winnicott, recupera as concepções de "objeto transicional", "capacidade de estar só", e "preocupação" (concern). Finalmente, para a interpretação da literatura infantil, vai buscar em Férenczi, a "língua da paixão" e a "língua da ternura".

Municiada deste arsenal teórico-clínico, Ninfa se volta para o "processo de subjetivação", correspondente à identificação edipiana ou fálica da criança, isto é, a sua entrada no universo simbólico da linguagem e de suas leis. A autora dá relevo à importância central da literatura infantil como catalisadora, intermediária ou meio para as transformações da criança, facilitando a separação do universo materno, com a discriminação entre o interno da fantasia e o externo da realidade.

Mais preciso, portanto, seria dizer que o que está sendo visado pela discussão empreendida nas páginas que se seguem é a importância da literatura infantil para a consecução do movimento de subjetivação. A problematização empreendida pode, então, ser enunciada da seguinte maneira: de que modo a literatura infantil pode propiciar ou, ao contrário, dificultar tal elaboração simbólica?

Seguindo o fio da meada que Ninfa propõe para perseguir seus objetivos, encontramos a valorização do brinquedo e, mais precisamente, do "brincar", respectivamente, como objeto transicional e processo de transição. Neste sentido, Ninfa identifica a literatura infantil com o brinquedo e a leitura propriamente dita com o brincar, reconhecendo-lhes a capacidade de agenciar o processo de subjetivação.

Pela via do texto, da poesia ou, simplesmente, das ilustrações, os livros infantis portariam uma potência de transformação da criança. Contudo, a autora não deixa de reparar que há textos infantis possuidores dos atributos referidos, mas que, no entanto, não possuem o potencial de simbolização requerido para a construção de si. Devemos, assim, enunciar outra vez a questão do presente trabalho, ajustando-a um pouco mais, de acordo com o percurso indicado pela autora: de que maneiras a literatura infantil pode exercer a função do brinquedo ou proporcionar à criança o brincar subjetivante?

Ninfa vai mais fundo ao sugerir que o potencial de subjetivação dos livros infantis repousa sobre as forças que emanam da relação entre os sujeitos que protagonizam tal experiência literária. A potência do encontro entre o adulto que concebe o livro e a criança que o consome seria a condição efetiva de possibilidade para a promoção desta última, paulatinamente, ao universo simbólico. O texto do adulto e o mundo infantil se confrontam. Este convívio assimétrico emprestaria um adicional de subjetivação ao processo da criança em vias de se tornar sujeito, isto é, de se *sujeitar* às leis da fala e da linguagem.

É a Sandór Férenczi a quem Ninfa recorre nesta etapa da sua argumentação. O encontro entre o adulto e a criança envolve duas línguas e a articulação entre elas possuiria o potencial de, nos casos favoráveis, contribuir para a subjetivação infantil. Já os "maus encontros" dificultam o processo de simbolização, podendo mesmo chegar, no pior dos casos, a impedi-lo, na eventualidade da psicose. O que está em jogo é a severidade traumática da "confusão de línguas" que está presente na experiência da literatura para crianças posto que esta última, como ressalta Ninfa, é elaborada pelo adulto, mas visa o interesse da criança.

A língua da paixão, demasiadamente moralizadora, erudita ou erotizada do adulto é causa de trauma que desestabiliza a subjetividade ao promover a confusão com a língua da ternura infantil. Nesta situação, a criança não consegue criar a si mesma como sujeito autônomo, permanecendo eternamente como objeto do desejo cristalizador da mãe. Sem poder efetuar a identificação fálica com o nome-do-Pai, a criança permanece aprisionada no mundo materno imaginário ou real da perversão ou da psicose.

A importância do livro de Ninfa não é pequena. Hoje, ainda mais do que no século XIX, é imperativo que a literatura infantil possa cumprir seu papel de agente de subjetivação. Uma sociedade depressiva ou perversa como a nossa, onde os preceitos éticos, as instituições e as ideologias encontram-se em franca deflação, exige um movimento de resistência. Talvez a literatura infantil possa se constituir como importante ferramenta de resistência, visando à liberação dos processos criativos que são, antes de tudo, criação da própria subjetividade.

Eduardo Rozenthal é Psicanalista, Doutor em Saúde Coletiva
pela Universidade do Estado do Rio de Janeiro

Por que e para que ler o livro O brinquedo na literatura infantil – uma leitura psicanalítica, de Ninfa Parreiras?
por Maria dos Prazeres Santos Mendes

Como unir literatura, psicanálise e educação tendo por objeto comum o brinquedo?

Ninfa Parreiras tem as respostas muito bem engendradas para essa questão interdisciplinar. Após vasta experiência em psicanálise, como pesquisadora e leitora assídua das obras literárias para crianças e jovens, principalmente em seu trabalho junto à Fundação Nacional do Livro Infantil e Juvenil, como escritora e como especialista. Concluiu o mestrado em Estudos Comparados de Literaturas de Língua Portuguesa, na USP e tem vasto conhecimento teórico-crítico que permite comprovar a importância desse tema, bem como atestar a sua contribuição a essas três áreas aqui estudadas, em linguagem acessível ao educador. Ao mesmo tempo, enreda seu leitor nos caminhos entrelaçados da história e do uso do brinquedo, da história da infância, da história e conceituação da literatura infantil, tendo como pontos de apoio, as noções do brinquedo como transgressão, catarse, via de comunicação entre a criança e o adulto, entre o seu mundo externo e interno, edificador da subjetividade, retirados da psicanálise, tendo por base Freud, Sándor Ferenczi e Donald W. Winnicott.

A leitura psicanalítica do brinquedo na literatura para crianças une, portanto, essas três áreas do saber, que neste trabalho têm um viés de originalidade. Pouco se tem refletido sobre a questão da importância das obras literárias como veiculadoras do imaginário, quando vivenciado pela criança através do brinquedo, presente ou ausente nas histórias contadas em registro verbal e nas ilustrações. Seria esse o material privilegiado e, de certo modo, até aqui negligenciado pela crítica literária: o brinquedo, objeto desejado e sempre ao alcance da criança, que dele não se separa por ser manifestação de seu imaginário, a ele atado em toda e qualquer circunstância, objeto que pode vir a concretizar o ato de brincar, que é, ao mesmo tempo, o ato de ser criança, mesmo que o universo seja o do adulto. Concluiu Ninfa que o brinquedo é um objeto inventado pelo adulto e reinventado pela criança.

O lúdico e o ato de revelar-se a si mesmo e ao mundo transitam no brinquedo, posto em ação no contar das histórias, desde as mais tradicionais até as mais atuais, como demonstra a pesquisadora, de maneira a não deixar dúvidas sobre a natureza e a função do brinquedo quando presente ou ausente, em construções literárias diversas, como exploradas e demonstradas neste estudo, de fundamental importância para a especificação inter e intra relação dos estudos dessas três áreas: psicanálise, educação e literatura.

Maria dos Prazeres Santos Mendes é professora da Universidade de São Paulo e da Pontifícia Universidade Católica de São Paulo, Doutora em Comunicação e Semiótica, pela Pontifícia Universidade Católica de São Paulo.

Por uma cultura brincante! por Edmir Perroti

Engana-se redondamente quem continua achando que literatura para crianças não é coisa séria, simples exercício moralizante ou distração destinada à instrução e à domação do espírito infantil. Ninfa Parreiras não só demonstra neste trabalho que as melhores produções literárias para a infância são forma importante de construção de si, como também, deixa patente que olhares finos, cuidadosos, sem preconceitos, como os dela, são indispensáveis para conferir novos e enriquecedores significados aos objetos culturais e estéticos.

Interessante, sem dúvida nenhuma, compreender como a literatura infantil nasceu e desenvolveu-se cheia de padrões rígidos e pudores, como assumiu com facilidade contornos moralistas e moralizantes; interessante tentar entender, também, como suportou injunções didático-pedagógicas limitadas e limitadoras, incorporando e afirmando concepções e representações que contrariam a vocação inexorável da arte à beleza, ao prazer, ao desejo.

No passado, é preciso reconhecer, celebrar, festejar, brincar com a linguagem, sons, ritmos, figuras, sentidos, de forma livre e aberta, era raridade nessa forma de arte destinada especialmente às crianças. Era difícil driblar o adversário. Os juízes exigiam que o jogo convergisse para o destino obrigatório: *a moral da história*. Tudo devia ser regrado, comportado, submetido aos ditames da *lição* que enquadrava a composição em seus diferentes aspectos.

Por isso, a maioria dos textos dificilmente abria espaço para a invenção livre e a imaginação lúdica. A literatura para crianças não gozava, não podia beneficiar-se das possibilidades que só a liberdade criadora é capaz de conferir aos atos estéticos. Lobato foi uma revolução nesse sentido. Para alguns de seus contemporâneos, um verdadeiro escândalo, chegando mesmo a ter livros queimados em praça pública! Sua literatura infantil implodiu, no país, a concepção do texto literário fechado e estreito, oferecendo um sopro de beleza inaugural à criança brasileira que podia ter a felicidade de freqüentar seu monumental universo ficcional.

Filiada à tradição desconstrutiva instaurada no Brasil pelo criador da Emília, Ninfa Parreiras coloca-se do outro lado do espelho, opondo-se a tendências que não respeitam a essência da criança, seu modo de ser brincante, por excelência! Ao trazer com inteligência e lucidez para o centro de seu trabalho a importância do vínculo lúdico essencial que os melhores textos literários (para a infância, ou não) apresentam sempre, este estudo - em sua origem uma de dissertação de mestrado, defendida na Universidade de São Paulo - toca em questão fundante: os elos entre a linguagem – a cultura – e a subjetividade, entre a palavra criadora e a construção dos sujeitos. Nossa humanidade não se define apenas pelo fato de sermos capazes de falar. A fala constrói sentidos, confere rumos à existência e a nós mesmos.

Desse modo, defender a dimensão lúdica da literatura para crianças significa, na história cultural, posicionar-se contra a doxa a que se refere Barthes, contra as convenções do verbo inibido e inibidor; significa lugar comprometido com a valorização de caminhos que permitam aos leitores aventurarem-se em trilhas não-programadas onde suas expectativas, necessidades e desejos podem manifestar-se, ganhar nome e constituir-se em conteúdo renovado e renovador do mundo. Identidade e diferença vão, pois, se afirmando e negando, nesse movimento que chega muitas vezes a ser extenuante: *lutar com palavras é a luta mais vã,/ entanto lutamos, mal rompe a manhã*, diz-nos o Drummond. Inatingível, o resultado importa menos que a disponibilidade para a peleja. Jogar é o destino de que não se pode fugir, já que o mundo é processo mutante e aberto a nossas intervenções, à nossa capacidade de nomeá-lo, mesmo se de nós escapando permanentemente. Em tais circunstâncias, mais que domar o mundo, os signos reveladores conduzem a abismos de prazer e de dor de uma significação sempre precária, mas plena, necessária, primordial: *no princípio era o verbo!*

O ponto de partida adotado por Ninfa Parreiras mostra-se assim, de imediato, como contribuição enriquecedora: a literatura para crianças - quando impressa sob o signo da criação livre e bela! - oferece-se como brincadeira seriíssima, objeto cultural de primeira ordem e ao qual é de extrema importância voltar nossas atenções, especialmente em país como o nosso, onde, por uma série de razões, são muitas as crianças privadas das riquezas que a melhor literatura infantil seguramente oferece! "O brinquedo - ensina Ninfa, com o apoio de nomes respeitáveis como Freud, Ferenczi, Winnicott - é um instrumento de trabalho, a serviço do inconsciente, dos desejos subtendidos dos pequenos. É objeto soberano da infância (...) Ao brincar e ler, a criança se insere como sujeito da dúvida, como um interlocutor para quem foram criadas as produções culturais."

A importância da aproximação inicial entre a literatura e a brincadeira vem aqui referendada não apenas nos estudiosos acima citados. Além de estudos literários voltados especificamente à literatura para crianças, Ninfa Parreiras, conhecedora profunda da produção literária para crianças e jovens, leitora sensível e arguta dos textos destinados à infância em diferentes épocas e lugares, fundamenta suas posições a partir da análise de manifestações literárias concretas, ou seja, do estudo de obras representativas da produção destinada à infância. Com isso, seus argumentos ganham espessura, consistência, beleza, permitindo ao leitor embarcar num mundo rico de nuances e cores que, somadas às de extração teórica, formam um conjunto que ilumina com novas luzes o objeto tratado. É, assim, uma aventura estimulante revisitar autores como Andersen e Machado de Assis, sob a condução do olhar perscrutante e sensível da autora deste estudo, bem como descobrir ficcionistas e poetas contemporâneos, brasileiros e estrangeiros, que se entregam ao jogo fascinante da criação literária voltada à infância, oferecendo possibilidades de as crianças exercerem atributo que lhes é fundamental: sua condição de seres que constituem e se constituem pelo brincar e pela brincadeira. Ao se fazer lúdica, conclui lucidamente a autora, a literatura "abre caminhos para a criança se defrontar consigo mesma e com os outros, permitindo a subjetivação e a criação de si, tão necessárias à infância."

*Edmir Perroti é professor da
Escola de Comunicação e Artes – ECA,
da Universidade de São Paulo,
Doutor em Ciências da Comunicação
pela Universidade de São Paulo.*

Agradecimentos

Esse estudo foi desenvolvido ao longo de anos que marcaram minha experiência com a literatura e psicanálise. Amigos e instituições contribuíram para a realização deste trabalho. Deixo minha gratidão a todos, em especial:

A professora Maria dos Prazeres Santos Mendes, minha orientadora, pela dedicação, paciência e acompanhamento do mestrado.

Ao professor e psicanalista Eduardo Rozenthal, pela interlocução, sugestão de leituras e participação na banca de defesa.

Ao professor Edmir Perroti, pela participação na banca de defesa, pelos comentários e discussões pertinentes à minha pesquisa.

Aos professores Benjamim Abdala Júnior (USP), José Nicolau Gregorin Filho (USP), Philippe Willemart (USP), Renata Junqueira de Souza (UNESP) e Ricardo da Cunha Lima (USP), pelos apoios e comentários oportunos.

Aos psicanalistas Anchyses Jobim Lopes, Angela Coutinho, Ary Band e Fernando Coutinho, pelas inúmeras contribuições, principalmente com a transmissão da Psicanálise.

Às amigas e parceiras de profissão, Solange Maria Serrano Fuchs e Virgínia Heine, pelas escutas fraternas e revisão cuidadosa.

Aos amigos que ouviram minhas dúvidas, devolvendo-me palavras de confiança: Anchyses Jobim Lopes, André Muniz de Moura, André Neves, Adriana Jazbik, Anna Claudia Ramos, Anna Maria de Oliveira Rennhack, Celso de Lanteuil, Givanildo Amâncio, Glória Granjeiro, Ieda de Oliveira, Isabela Massa, Jorge Miguel Marinho, Leda Nadelman, Luciana Sandroni, Lucilia Soares, Márcia Cabral, Peter O'Sagae, Renata Carreto e Rosa Filgueiras Vieira.

Um agradecimento à minha mãe, Maura, pelo acolhimento da dúvida.

À Fundação Nacional do Livro Infantil e Juvenil (FNLIJ); especialmente, à Elizabeth D'Angelo Serra e à Laura Sandroni e aos colegas de trabalho. Foi na FNLIJ que tive acesso ao mundo da literatura nos últimos 20 anos.

À Sociedade de Psicanálise Iracy Doyle (SPID) e aos amigos que me apoiaram: Camila Drubscky, Edelyn Schweidson, Renata Gomide Hank, Ruth Cnop Goldemberg, Sérgio Cepelowicz e Valeria Xavier de Moura.

À Estação das Letras, a Suzana Vargas e às alunas que fazem parte da Letra Falante: Ana Carolina Sanches, Bárbara Jane Martin Andersen, Beatriz Miranda Soares de Moura, Carla Jarlicht, Cacau Mendes, Cláudia Vargas, Dilma Bittencourt Ambrosio, Emília Machado, Filomena Sillman da Cunha, Maira Landes, Mariucha, Regina Salamonde, Rosane Villela, Susana Maria Fernandes e Vânia de Almeida Salek, que contribuíram com sugestões.

Minha gratidão à Biblioteca Internacional da Juventude de Munique, Alemanha – Internationale Jugend Bibliothek (IJB), onde desfrutei de uma bolsa de estudos, antes de iniciar o mestrado, em especial ao amigo Jochen Weber. Lá conheci uma bibliografia de referência de literatura infantil e tive as trilhas abertas para o berço dos brinquedos alemães: as cidades de Munique e de Nuremberg.

Um agradecimento às amigas e instituições onde apresentei este trabalho ao público, antes de ser publicado: Rosa Maria Ferreira Lima ("6º Encontro Estadual do PROLER", em São Luis, MA, 2003); Tânia Piacentini ("Abril com Livros", promovido pela Sociedade Amantes da Leitura, Florianópolis, SC, 2007); Cacau Mendes (Na disciplina "Produção Cultural para Crianças e Jovens", da professora Sonia Monnerat, da Pós-graduação em Literatura Infantil e Juvenil da Universidade Federal Fluminense (UFF), Niterói, RJ, 2007) e Lúcia Nascimento (II Feira do livro de São Luís/FELIS, MA, 2008).

Este estudo é uma Dissertação de Mestrado apresentada ao Programa de Pós-Graduação em Estudos Comparados de Literaturas de Língua Portuguesa, do Departamento de Letras Clássicas e Vernáculas da Universidade de São Paulo – USP, em setembro de 2006. Os membros da banca foram: Professor Doutor Edmir Perroti, Professor Doutor Eduardo Rozenthal e Professora Doutora Maria dos Prazeres Santos Mendes. Posteriormente, foram feitas mudanças ao texto original para a presente edição.

Ele realiza uma leitura psicanalítica do brinquedo na literatura para crianças. São abordados os conceitos e a história da infância, da literatura para crianças e do brinquedo, como as transformações ocorridas com eles na atualidade. É estabelecida uma comparação entre o brinquedo e o livro, considerados produtos culturais. São discutidos o brinquedo e sua dupla expressão, como um objeto inventado pelo adulto e reinventado pela criança. Utilizamos a Psicanálise como instrumento de interpretação; a pesquisa faz uma análise de duas histórias clássicas da literatura, do século XIX: *O soldadinho de chumbo*, do dinamarquês Hans Christian Andersen, e Conto de escola, do brasileiro Machado de Assis. O estudo indica também diferentes representações do brinquedo, especialmente na literatura contemporânea para crianças, do final do século XX e início do século XXI, em obras literárias estudadas. As obras trabalhadas compreendem edições nacionais e traduzidas, em diferentes gêneros e categorias: prosa e poesia, narrativas com texto e sem texto verbal.

O brinquedo, entendido como o objeto cultural que propicia o encontro entre o universo adulto e o infantil, está representado de diversas maneiras, como uma transgressão, uma catarse, uma via de comunicação da criança com o mundo interno e externo. Depois de apresentadas e analisadas as obras, são estudados o brinquedo e sua ausência, o brinquedo como um retorno à infância, o brinquedo como uma possibilidade de subjetivação para a criança e a literatura como brinquedo. São trabalhadas algumas referências sobre o brinquedo dos autores da Psicanálise: Sigmund Freud, Sándor Ferenczi e Donald W. Winnicott.

A PALAVRA MÁGICA

Certa palavra dorme na sombra
de um livro raro.
Como desencantá-la?
É a senha da vida
a senha do mundo.
Vou procurá-la.

Vou procurá-la a vida inteira
no mundo todo.
Se tarda o encontro, se não a encontro,
não desanimo, procuro sempre.

Procuro sempre, e minha procura
ficará sendo
minha palavra.

(Carlos Drummond de Andrade IN
A palavra mágica, 2002)

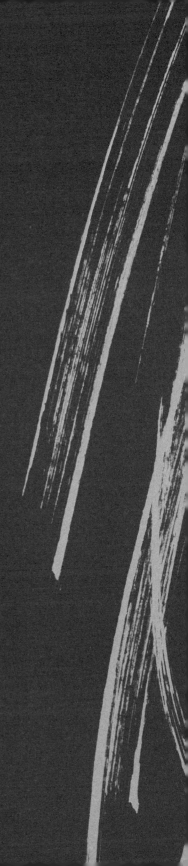

"O menino infeliz não é aquele a quem falta um relógio para ver as horas; ou que não possui botinas ou sapatos para ir à escola; ou latas de geléia com que regalar-se à hora da merenda. O menino mais infeliz é aquele a quem falta um brinquedo por mais humilde: um tosco navio de pau feito a canivete ou um simples Mané-gostoso de papelão."

(Gilberto Freyre IN Diário de Pernambuco, 1923)

Sumário

Apresentação 31

Introdução 39

Capítulo I Sobre a Psicanálise, a Literatura para Crianças e o Brinquedo 47

    1. A Psicanálise para além do Divã **48**

    2. A Literatura para Crianças **51**

    3. Uma Visão Histórica da Infância, da Literatura para Crianças e do Brinquedo **55**

        3.1. Infância **55**

        3.2. Literatura para Crianças 3.3. Brinquedo **60**

        3.3. Brinquedos **68**

    4. O Livro e o Brinquedo como Produtos Culturais **73**

    5. O Brinquedo e o Imaginário **78**

    6. As Funções do Brinquedo **81**

    7. O Brinquedo na Psicanálise **85**

    8. O Adulto Inventa, a Criança Reinventa: Duas Línguas no Mesmo Brinquedo **96**

Capítulo II Representações do Brinquedo na Literatura para Crianças: Síntese das Obras e Análise Literária **101**

1. Obras do Século XIX **104**

    1.1. O Soldadinho de Chumbo, de Hans Christian Andersen **104**

    1.2. Conto de Escola, de Machado de Assis **109**

2. Obras dos Séculos XX e XXI **116**

    2.1. Narrativas Curtas Nacionais **116**

    2.2. Narrativas Curtas Traduzidas **130**

    2.3. Narrativas sem Texto Verbal **136**

    2.4. Poemas **140**

3. Intertextualidade e Psicanálise **154**

4. O Brinquedo na Literatura para Crianças: um Retorno à Infância **160**

5. Subjetividade, Brinquedo e Literatura **165**

6. O Brinquedo e a Ausência do Brinquedo **170**

Conclusão 175

Apêndice 181

Um brinquedo na praia **183**

Referências Bibliográficas 189

Apresentação

[1] Mensagem do Dia Internacional do Livro Infantil do IBBY- International Board on Books for Young People, 2 de abril de 1997, de autoria de Boris A. Novak, publicada e divulgada, no Brasil, pela Fundação Nacional do Livro Infantil e Juvenil – FNLIJ, seção brasileira do IBBY. Notícias nº 1, v.19, janeiro de 1997, traduzida, do inglês, por Ninfa Parreiras.

O brinquedo me acompanha desde que eu era criança; pela adolescência afora; na maternidade; quando fui professora de crianças e quando fui atendê-las na clínica psicanalítica. O brinquedo não escapava aos meus olhos; estava lá, dentro e fora de mim, no raso, no fundo, nos meus pensamentos e lembranças. Estudei Literatura, Psicologia e Psicanálise. E o brinquedo continuava a me chamar a atenção para a infância, como o tempo da brincadeira, e para a possibilidade de criação subjetiva. Um dia, conheci este texto[1] :

A INFÂNCIA É A POESIA DA VIDA
A POESIA É A INFÂNCIA DO MUNDO

I

Os adultos escutam palavras, sem ouvi-las.
Os adultos lêem palavras, sem senti-las.
Os adultos pronunciam palavras, sem degustá-las.
Os adultos escrevem palavras, sem cheirá-las.
Quando os adultos conversam, não cuidam das
palavras, por isso, as palavras se enfraquecem de
solidão e tristeza.
Os adultos usam palavras, sem amá-las.
Assim, as palavras se deformam e envelhecem.

As crianças são diferentes. As crianças brincam com
as palavras.
A brincadeira conserta as palavras deformadas. A
brincadeira
desenferruja as palavras velhas, devolvendo-lhes o
brilho juvenil.
A brincadeira gera novas, incríveis, incrivelmente
belas palavras.

As crianças escutam as palavras. As palavras são a
música das vozes humanas.
As crianças sentem as palavras: são moles? duras?
redondas? pontiagudas?
As crianças degustam as palavras: são doces?
salgadas? ácidas? amargas?
As crianças cheiram as palavras. As palavras são
pólen sobre as flores das coisas.
As crianças amam as palavras. Por isso, as palavras
também amam as crianças.

II

Os adultos observam cores, sem vê-las.
Os adultos percebem formas, sem compreender

sua linguagem.
Os adultos vivem na luz e da luz, sem cuidarem dela.
Os adultos arrastam grandes sombras, sem brincar
com elas.
Os adultos ocupam bastante (mas muito) espaço,
sem se assustarem uma única vez com sua imensidão.

Os adultos observam o mundo com os olhos
fechados. Por isso, o espaço se reduz, as sombras
morrem, a luz escurece, as cores empalidecem e as
formas emudecem.
As crianças são diferentes. As crianças contemplam
o mundo com osolhos abertos de par em par e
admiram as coisas. As crianças brincam com as
cores e as formas. A brincadeira separa o pó das
cores pálidas e lhes devolve o brilho original.
A brincadeira gera novas, nunca vistas e incríveis,
incrivelmente belas formas.

As crianças vêem as cores. As cores são a infância
da luz.
As crianças entendem a linguagem das formas: são
suaves?
agudas? vivas? melancólicas?
As crianças sentem, as crianças respiram, as
crianças vêem a luz invisível.
A luz é a mãe do mundo.
As crianças arrastam sombras pequenas, mas
brincam com elas.
As sombras são cegas, por isso, a luz as leva pela
mão como se fossem crianças.
As crianças admiram o espaço de sua imensa
liberdade.
As crianças amam as pinturas.
Por isso, as pinturas também amam as crianças.

III
Todo poeta é uma criança grande.
E toda criança é um pequeno poeta.
Todo pintor é um aprendiz grande. E toda criança é
um pequeno pintor.

IV
Esta mensagem tem o temperamento de um
poema, de uma ode à infinita capacidade criativa
das crianças. Contudo, lamentavelmente, não posso
concluí-la como um poema. Há muito sofrimento de
crianças para poder calá-lo. Por isso, vou deformar o
final deste poema. Por responsabilidade pelo destino
das crianças e pelo futuro deste, nosso único mundo.
Visitei Sarajevo durante a cruel ocupação daquela
bela cidade. Em meio às horríveis cenas de
destruição, as crianças foram as que mais me
comoveram e, por sua vez, me alegraram: eu as via
por todas as partes, em todas as esquinas, como
brincavam, como corriam atrás da bola, como se
escondiam e perseguiam, e com pedaços de pau
improvisados brincavam de guerra. Inclusive durante
os tiroteios, dos adultos, com absoluta seriedade.
Toda vez em que observava isso, me davam
calafrios, já que as posições mais próximas dos
franco- atiradores estavam distantes apenas
cem ou duzentos metros. E já se sabe com que
freqüência os franco-atiradores disparam para
essas pequenas cabecinhas! Esse crime é o mais
infame e repugnante dessa guerra! Como é possível
que um adulto conscientemente dirija a mira
telescópica para uma criança? Aqui se acaba o
mundo! Retiveram-me sentimentos encontrados:
junto ao temor por suas vidas, compreendi a
profunda necessidade de brincar das crianças de
Sarajevo. Depois de milhares de dias de guerra, de

milhares de noites escondidas em sótãos (para as crianças todos os dia são infinitamente longos), o instinto infantil de mexer e brincar tinha prevalecido. Simplesmente tinham que sair para o quintal e para a rua, correr e satisfazer sua necessidade de brincar! Bem que eu mesmo quando criança (depois da Segunda Guerra Mundial), muitas vezes "brinquei de guerra". Eu me estremeci ao ver as brincadeiras das crianças de Sarajevo, porque seus brinquedos, como sabemos, refletem as relações da sociedade "adulta", os rifles de madeira mostram a guerra em toda sua crueldade! Que traumas levam as crianças de hoje que crescem na guerra! Na Bósnia, Ruanda, Somália, no Oriente Médio, no Curdistão e na Chechênia.

Que esta mensagem sobre a criatividade das crianças conclua também como uma defesa do direito fundamental à brincadeira. E como uma advertência extremamente séria aos adultos que transformam sua infância em inferno. Vamos fazer tudo que está em nosso poder para que acabe o sofrimento das crianças! Para que as crianças não amadureçam antes do tempo!

Disso depende o futuro deste, nosso único mundo.

Boris A. Novak

Como especialista da FNLIJ, tive a oportunidade de traduzir essa mensagem, em 1997. Ela me transportou à infância, à época da brincadeira como a atividade primordial do ser humano. A mensagem me conduziu à minha infância, à dos meus analisandos, à dos meus alunos, à criança que mora dentro de cada um de nós. Levou-me ao universo infantil, a um tempo e a um espaço nos quais o brinquedo é o objeto soberano; é o outro que estabelece a comunicação da criança com o mundo interno e externo. Quando o poeta Boris A. Novak rompe a escritura feita em versos e entra na narrativa, ele faz um corte. Um corte que defende a infância e o brinquedo. Seu texto em versos faz uma denúncia séria. Essa mensagem me fez repensar a função do livro de literatura para crianças, a função do brinquedo e a construção do psiquismo na infância, que se dá na relação com um outro. O brinquedo e a literatura também precisam da relação com um outro.

De acordo com a Psicanálise, a subjetividade passa a existir com a identificação do bebê com a mãe e com as possíveis identificações que ele vai fazer com outros adultos, quando ele começa a se perceber uno, sem a mãe. A psique nasce no ser humano num momento de fragilidade e de desamparo do bebê, quando ele vai se percebendo só, separado da mãe. A partir daí, surge a necessidade de se estabelecer uma comunicação com o mundo e consigo mesmo, que começa a ser feita por meio de alguma coisa, que pode ser um objeto, um brinquedo, seja ele um trapo, um pedaço de pano, um travesseiro, um urso de pelúcia, uma boneca, um livro.

O bebê vai substituindo o corpo da mãe por esses objetos, que passam a fazer parte de sua vida social, cultural e psíquica. Ele se vincula, afetivamente, ao objeto transicional, nomeado assim por Donald W. Winnicott[2].

Há a necessidade de pedir alimento, de falar da dor, do sono, da sede... E como falar disso tudo sem a linguagem, sem a palavra? Como falar sem existir a fala? Nasce, dessa maneira, a brincadeira no ser humano, resultante do desejo de se expressar, da possibilidade de construção de um mundo lúdico e onírico para dar conta dos sentimentos e emoções do bebê, da criança. Por isso, o brinquedo ocupa um lugar de extrema importância no desenvolvimento psíquico da criança. Ela precisa de um brinquedo, ou um objeto que o substitua, que facilite sua comunicação, a fruição de seus pensamentos. O brinquedo atende à necessidade de subjetivação da criança. Com o brinquedo, a criança se subjetiva.

[2] Uma das grandes contribuições de Winnicott foi a introdução da expressão "objeto transicional", trabalhada em sua obra, em especial em *O brincar e a realidade*. Rio de Janeiro: Imago, 1975.

Introdução

Uma obra literária pode servir como entretenimento e como uma ponte para a criança se aproximar de seu imaginário, de seu mundo interno, pelas imagens que proporciona e pelas que evoca no leitor. Quando um livro para crianças traz o brinquedo na narrativa, nos versos ou nas ilustrações, ele facilita a inserção da criança no seu universo de sonhos e de fantasias e intensifica a ludicidade presente na ficção. Ele não só é um livro, mas torna-se uma possibilidade de fazer de conta, de imaginar, de associar, de recordar, como um retorno às brincadeiras, ao que há de mais necessário para o entretenimento dos pequenos: *o brinquedo*. É um livro que fala a língua das crianças: a ludicidade. Desse modo, pode ser um livro que funcione como um brinquedo.

A literatura para crianças, tal qual a produção cultural para a infância, é concebida e apresentada à criança pelo adulto. É ele quem cria, escreve, ilustra, edita, divulga e faz a mediação do livro com a criança. Refletir sobre os elementos lúdicos presentes numa história para crianças pode nos trazer uma compreensão da relação do adulto com a criança e da criança com o mundo. Ao conhecer os elementos que a caracterizam, teremos um aprofundamento dessa literatura.

Sabemos que a interação da criança com as pessoas e

consigo mesma encontra no brinquedo um objeto de comunicação, de inter-relação e de diálogo. Podemos olhar o brinquedo como uma ponte, um objeto de transição da subjetividade para a vida cotidiana, do mundo de dentro para o mundo de fora e vice-versa. É no brinquedo que a criança, sujeito completo de desejos e realizações, encontra luz para a elaboração de seus conflitos e de suas dúvidas. Ao brincar, a criança se mostra, se revela, com todas as suas coragens e os seus medos. Como objeto de transição, o brinquedo ajuda a criança a crescer, a subjetivar-se.

Para ponto de partida do meu estudo, posso propor as seguintes questões: O brinquedo está presente no livro para crianças? De que modo está representado o brinquedo? Que representações o brinquedo pode trazer para uma compreensão da infância? Que desejos (do adulto e da criança) estão subentendidos por trás do brinquedo existente nos textos e ilustrações dos livros para crianças? Que relações essa ausência pode suscitar numa leitura do sujeito e da sociedade? É possível conhecer a subjetividade da criança a partir do brinquedo? De que maneira o brinquedo é abordado estilisticamente no texto e na ilustração de um livro infantil? Por que o brinquedo se presentifica na literatura para crianças?

Como o brinquedo é, cultural e historicamente, importante para a infância e está presente na vida da criança, faz-se necessário pesquisá-lo na literatura destinada aos pequenos leitores. Buscamos subsídios na Psicanálise, pois sabemos, por Sigmund Freud[3], da importância para a infância do lúdico e da fantasia, que fazem parte da literatura. Em uma de suas grandes descobertas, ao partir de um brinquedo de criança, Freud trouxe para a humanidade a compreensão da pulsão de morte e uma leitura para os movimentos compulsivos, tão inerentes ao ser humano. Essa é considerada uma das mudanças mais profundas na teoria freudiana, conquistada ainda em vida pelo mestre. A partir dela, passamos a entender que a luta entre Eros e Thanatos – pulsão de vida e pulsão de morte – é o que garante e mantém a evolução da espécie humana.

Posteriormente, outros autores que se dedicaram ao estudo da Psicanálise valorizaram o brinquedo como elemento importante para o desenvolvimento da criança, em especial Donald W. Winnicott, um pediatra e psicanalista inglês. Reconhecemos a importância da Psicologia Analítica de Carl Gustav Jung para a interpretação arquetípica de

[3] Foi a partir de uma observação de um brinquedo de um menino que Freud desenvolveu seus estudos sobre a compulsão à repetição e a pulsão de morte, em 1920, no artigo "Alem do princípio do prazer" *IN Obra Psicológica Completa de Sigmund Freud*. v. XVIII. Rio de Janeiro: 1989, que trataremos neste trabalho.

objetos culturais, como o brinquedo. Apreciamos também os estudos psicanalíticos de Melanie Klein e de Jacques Lacan sobre o psiquismo da criança e o brinquedo. No entanto, minha pesquisa não se apoiará nas formulações teóricas desses três estudiosos; pois Jung, ao romper com a Psicanálise, dedica-se, especialmente, ao estudo da Psicologia Analítica. Klein se debruça sobre o estudo psicanalítico das relações objetais e Lacan, nas suas investigações psicanalíticas, valoriza a linguagem e o momento do desenvolvimento psíquico da infância posterior à fase pré-verbal.

Em contrapartida, Winnicott dedicou-se ao estudo do psiquismo dos bebês, momento anterior à fala e à linguagem. Investido numa instância pré-subjetiva da humanidade, formulou uma compreensão sobre o brinquedo que me interessa estudar. Portanto, elegi, para a minha pesquisa, um enfoque de textos da obra de Freud, como o primeiro que se debruçou sobre os estudos da infância e do brinquedo; de Sándor Ferenczi e de Winnicott, pelo interesse comum nos afetos e na ternura da infância. Os dois últimos foram psicanalistas que ofereciam um atendimento clínico de acolhimento, valorizavam o ambiente e a escuta analítica. Como meu objeto de estudo é o brinquedo, que revela a simbologia de um dos primeiros ambientes vividos pela criança, priorizei a leitura de trabalhos de Freud, Ferenczi e Winnicott.

O brinquedo não é só estudado, mas também utilizado na clínica psicanalítica de atendimento a crianças. O brinquedo serve para a criança manipulá-lo e mostrar ao analista como ela se relaciona com os outros e consigo mesma. Olhar com o que a criança brinca e como o faz é realizar uma "radiografia", um estudo do inconsciente infantil. E olhar como o brinquedo está presente na literatura a ela destinada é realizar uma tradução dos muitos afetos que atravessam as relações da criança e do adulto. A capacidade da criança de transformar algo em brinquedo é uma via de expressão simbólica. Dessa maneira, a literatura pode prevalecer como uma das expressões mais ricas e reveladoras da subjetividade. A literatura pode ocupar o lugar do brinquedo na vida de uma criança: o lugar de subjetivação e de criação de si.

Não tenho conhecimento, até o presente momento, de estudos na área de literatura infantil sobre o brinquedo, seja no texto, seja na ilustração. A literatura para crianças, com seu caráter de valor estético e formativo, carece de uma pesquisa sobre o brinquedo nos livros, como um objeto a serviço do inconsciente, do não-dito, do desconhecido, dos muitos conflitos que habitam cada criança. Usarei tanto a expressão *literatura para crianças* quanto a *literatura infantil* como sinonimas, para caracterizar as obras literárias aqui analisadas.

O livro-brinquedo, uma produção do mercado de literatura infantil, que compreende livros destinados a brincadeiras, conhecidos como "pop-ups" ou como livros-vivos, não será objeto deste estudo. Ele não faz parte, tradicionalmente, da cultura brasileira; a função de brinquedo é evidente e não há nele elementos intrínsecos de uma obra literária sobre os quais me debrucei para trabalhar. Portanto, isso não quer dizer que não haja livro-brinquedo em narrativa ou em versos com literariedade. O especialista francês Jean Perrot (Université Paris-Nord)[4] dedica-se ao estudo desses livros-vivos (livros-brinquedo), que existem na cultura européia desde 1540, antes mesmo da existência do livro para crianças.

Lembramos que uma criança pode usar os livros como brinquedos em si, ao montar casinhas, construir objetos. Os livros funcionam, desse modo, como pedaços de um jogo, tal como a abordagem de Lygia Bojunga[5] , num belíssimo texto sobre os livros. Trata-se de uma mensagem feita especialmente para o Dia Internacional do Livro Infantil, em 1982, divulgada no Brasil pela Fundação Nacional do Livro Infantil e Juvenil (FNLIJ), seção brasileira do órgão internacional International Board on Books for Young People – IBBY, que se dedica à promoção da literatura para crianças no mundo.

Pretendo analisar obras literárias destinadas à infância, como dois textos clássicos do século XIX, um conto de Hans Christian Andersen, *O soldadinho de chumbo,* e outro de Machado de Assis, Conto de escola, nos quais a presença do brinquedo é crucial para a caracterização dos contos como obras para a infância. Ainda farei a leitura de obras contemporâneas, dos séculos XX e XXI, especialmente as dos últimos anos, e observo como o brinquedo está presente. Diferentes obras, nacionais e traduzidas, foram selecionadas para o meu estudo, que contempla livros para a primeira infância, em prosa, em poesia e em narrativa sem texto verbal. E quero, principalmente, observar como a literatura funciona como brinquedo; a literatura é brinquedo, na medida em que produz subjetividade. No entanto, o

[4] PERROT, Jean. "Os livros-vivos franceses. Um novo paraíso cultural para nossos amiguinhos, os leitores infantis" *IN O brincar e suas teorias.* KISHIMOTO, Tizuko M. (org.) São Paulo: Pioneira, 2002. p. 33-53.

[5] BOJUNGA, Lygia. *O livro.* Rio de Janeiro: Casa Lygia Bojunga, 2004. p. 8-9.

brinquedo e a literatura possuem a mesma capacidade de produzir subjetivação, mas isso não os iguala. A literatura e o brinquedo não se reduzem, não são a mesma coisa.

Na pesquisa realizada anteriormente, para fins acadêmicos, minha dissertação de mestrado defendida em 2006, na Universidade de São Paulo (USP), 13 obras obras foram analisadas. Para esta publicação, o número de obras estudadas foi ampliado, no intuito de conhecermos uma gama maior de expressões literárias e refletirmos sobre o brinquedo presente nelas.

A apresentação do brinquedo e da sua ausência será discutida para uma compreensão da ludicidade como mola da infância. A referência psicanalítica de alguns trabalhos de Freud, Ferenczi e Winnicott será a ferramenta utilizada no meu estudo para fundamentar o valor do brinquedo e compreender a ausência como representação de um *outro* brinquedo. Seria o da falta?

Sobre a Psicanálise, a Literatura para Crianças e o Brinquedo

A psicanálise para além do divã

Ao longo deste trabalho, realizarei uma reflexão sobre duas produções culturais dirigidas à infância: a literatura infantil e o brinquedo. Na verdade, meu estudo se detém sobre a representação do brinquedo na literatura para crianças e como a literatura pode funcionar como um brinquedo. Como duas produções resultantes do trabalho humano, de um investimento afetivo, envolvem o nosso psiquismo, o conjunto formado pelos processos psíquicos. Como processos psíquicos, entendemos as sensações que experimentamos, as idéias que concebemos e as relações que estabelecemos entre elas, ou seja, as emoções e os sentimentos, a vontade, o desejo, as memórias, as lembranças...

De acordo com a Psicanálise, aquilo que é recalcado (sentimentos, desejos, expectativas) pode se transformar em angústia. Entre as coisas que amedrontam e são recalcadas, há aquelas que podem retornar à consciência em forma de algo estranho. Ou seja, o material que ficou recalcado inconscientemente e que já foi familiar vem à tona como algo estranho, sobrenatural.

Sigmund Freud (1856 – 1939) foi um dos grandes estudiosos da alma humana e criador da Psicanálise, uma atividade de investigação, por excelência, que ultrapassa as fronteiras da clínica para caminhar a serviço das Artes, da Medicina, da Antropologia, da Sociologia, da Educação. A Psicanálise se dedica à experiência da ilusão; da verdade e do engano; da ficção e do sonho; da subjetividade. Ela nos permite o enfrentamento do sem-sentido e promove o confronto com o estranho.

Em um artigo publicado em 1919[6], Freud discute o "estranho" para além da estética como teoria da beleza, mas também como teoria das qualidades do sentir. Para ele, o tema do estranho relaciona-se com o que é assustador, o que provoca medo e horror. Nesse artigo, discorre sobre a palavra "estranho" e desenvolve sua história etimológica, além de esgotar as conotações, denotações e implicações de "heimlich", que também pode ser traduzido no português como "sobrenatural". Esse termo em alemão identifica-se com o conceito latino de "familiaridade", e no inglês com a idéia primitiva da palavra "momely". Como também diz respeito à idéia de algo oculto, algo a que apenas um limitado grupo tem contato ou acesso.

Trata-se de um conceito paradoxal que quebra a lógica, suspende o significado, age como a pulsão de morte. Esta é igualmente paradoxal, na medida em que promove uma quebra da repetição de uma espécie de compulsão ao drama da vida; instaura um corte, uma quebra, que reinaugura a vida, como movimento criativo. Ainda de acordo com Freud, o "estranho" é uma categoria do assustador que, paradoxalmente, aponta para o que é conhecido, para o que é familiar.

Em relação à Literatura, a Psicanálise pode lhe servir como uma ferramenta de leitura e de interpretação, para fundamentar uma teoria ou crítica literária. Além de ser um método de investigação que consiste em evidenciar os meandros da nossa psique, os significados inconscientes das palavras, ações e produções imaginárias, a Psicanálise ganhou espaços nas universidades, nas rodas culturais, na imprensa e não se restringe ao uso clínico do divã e da poltrona, como costuma ser, estereotipadamente, caracterizada. Ela abre caminhos para os conflitos que moram dentro de nós. E permanece como o grande interlocutor da subjetividade.

Não se pode mais pensar a humanidade sem considerar a existência da Psicanálise. Não se concebe o homem, hoje, e a sua cultura, sem levar em conta a fabulosa descoberta do inconsciente, desenvolvida por Freud, considerada uma das três feridas narcísicas na nossa cultura ocidental. A saber: a Teoria Heliocêntrica, trazida por Copérnico, de que a Terra não era o centro do Universo, mas o Sol; a Teoria da Evolução das Espécies, trazida por Darwin, de que o homem é produto

[6] FREUD, S. "O estranho", 1919, *IN Obra Psicológica Completa de Sigmund Freud.* v. XVII. Rio de Janeiro: Imago, 1989

de uma evolução animal e descendia do macaco; e a trazida por Freud, de que a consciência nasce da inconsciência, por isso, há uma parte de nossa psique que é livre e foge ao nosso controle.

Retomo uma idéia expressa, inclusive num ensaio de minha autoria, "O desamparo como representante dos afetos"[7]. Acreditamos que a Psicanálise desencadeou uma série de mudanças na sociedade, principalmente, no pensamento ocidental. Mudanças que se processam até hoje, em relação à sexualidade, aos desejos, aos conflitos, à subjetividade. Sem falar também na apropriação de conceitos psicanalíticos, tão correntes na nossa linguagem.

Concordo com a estudiosa francesa da Psicanálise, Elizabeth Roudinesco, que na obra *Por que Psicanálise?*[8] afirma:

"A Psicanálise atesta um avanço da civilização sobre a barbárie. Ela restaura a idéia de que o homem é livre por sua fala e de que seu destino não se restringe a seu ser biológico."

A Psicanálise confirma a nossa subjetividade como testemunho das nossas criações imaginárias, dos nossos sonhos... A capacidade de criar, de inventar, de brincar, de escrever em nós, humanos, pode nos servir como um alívio para os tantos sofrimentos psíquicos que nos visitam inesperadamente.

Ao buscar na Psicanálise uma leitura para a representação do brinquedo na literatura para crianças, apoio-me em textos de Freud, Ferenczi e Winnicott, pela minha afinidade com esses autores e pela atualidade de suas idéias. Pretendo, principalmente, desvelar as figuras e as palavras dos livros para crianças, deixando-as falar sobre o que não está dito, mas que está presente nas construções literárias. Intenciono, desse modo, a leitura das entrelinhas, dos silêncios que moram entre as palavras e entre os desenhos. Pretendo, com a Psicanálise, traduzir os afetos presentes que podem estar despercebidos na literatura. E objetivo, finalmente, discutir a sublimação e também a transferência, dois conceitos da Psicanálise, para compreender a presença do brinquedo como um encontro — da criança com o adulto e do mundo interno com o mundo externo — na produção literária e na leitura de uma obra. A Psicanálise, um século e meio depois do nascimento de Freud, ocupa hoje um espaço de diálogo e negociação — do possível e até do impossível — com o outro. É o diálogo das diferenças, das dúvidas e dos conflitos.

[7] Cf. PARREIRAS, Ninfa. "O desamparo como representante dos afetos" *IN* SERRA, Elizabeth. (org.) *Ética, estética e afeto na literatura para crianças e jovens.* São Paulo: Global, 2001. p. 99-114.

[8] ROUDINESCO, Elizabeth. *Por que Psicanálise?* Rio de Janeiro: Jorge Zahar, 2000. p. 9.

A literatura para crianças

Para efeitos de pesquisa, considerarei, aqui, a literatura para crianças como aquela expressão em palavras e ilustrações que traz entretenimento ao leitor, que põe o leitor para pensar, para refletir, que traz à tona uma série de lembranças, de questionamentos, de dúvidas. É aquela história que, embora traga certas vezes uma experiência triste, cruel, oferece uma distração, um envolvimento do leitor com a obra. E quando a obra passa a ser um outro que dialoga com a subjetividade do leitor criança, um interlocutor imaginário, esta obra é literatura! O que caracteriza a literatura infantil é o registro simbólico, a capacidade de produzir subjetivação à criança (leitora) e ao adulto (criador ou mediador da leitura da obra). É um outro que dialoga com a subjetividade da criança; causa estranheza e traz possibilidades de criação.

O que distingue uma obra literária de um livro de história para crianças é o predomínio da função poética sobre as outras funções da linguagem. A obra literária traz características de beleza e expressão realçadas na linguagem. Não é apenas um texto bem escrito no português culto. É principalmente um texto rico em metáforas e outras figuras de linguagem; onde há um trabalho estético com as palavras, em que as orações ou versos foram lapidados. As palavras e os desenhos não estão em sua forma bruta, sofreram um trabalho.

Por sua vez, as ilustrações de uma obra para crianças são artísticas e contribuem para a literariedade do livro quando são poéticas, possuem um trabalho estético. Não são meras legendas do texto, confirmam a beleza da história ou do poema e contribuem com novos elementos. Imprimem uma nova linguagem ao texto verbal.

A literatura para crianças possui especificidades e características próprias. É uma literatura que cativa à criança e também ao adulto. Recorro ao teórico da literatura brasileira Antonio Candido, no artigo "Sílvia Pélica na Liberdade", citado por Zilberman e Lajolo[9]:

> **"Talvez o mais difícil de todos os gêneros literários seja a história para crianças. Gênero ambíguo, em que o escritor é forçado a ter duas idades e a pensar em dois planos: que precisa ser bem escrito e simples, mas ao mesmo tempo bastante poético para satisfazer um público mergulhado nas visões intuitivas e simplificadoras. Há dois tipos de livros de criança: o que procura instruir e o que não procura instruir."**

Uma obra literária para crianças deveria, então, agradar às crianças e também aos adultos. Ao deleitar um adulto, a obra estaria próxima da criança adormecida que há nele. Ao pensar sobre os tipos de livros comentados por Candido, quanto ao livro que procura instruir, entendo que sejam as obras de teor didático, moralista e pedagógico, de que não tratarei aqui. Excluí da análise de meu estudo os livros que tenham intenção de instruir. Preferi, para a minha pesquisa, as obras de teor literário, de valor estético. Escolhi as obras literárias que nos oferecem matéria para interpretações e associações, justamente porque a literatura possui um terreno fértil para uma análise psicanalítica. O ato de interpretar, na Psicanálise, pode ser entendido como o brincar da criança, como um caminho para o elaborar. Portanto, isso não quer dizer que a Psicanálise não se interessa por obras de cunho pedagógico.

[9] CANDIDO, Antonio. "Sílvia Pélica na Liberdade" apud ZILBERMAN, Regina & LAJOLO, Marisa. *Um Brasil para crianças. Para conhecer a literatura infantil brasileira: histórias, autores e textos*. São Paulo: Global Universitária, 1986. p. 329.

Há 50 anos, no Brasil, uma crítica de literatura, que não era especializada em literatura para crianças, Lúcia Miguel Pereira[10], já divulgava uma concepção de literatura para crianças absolutamente atualizada e contemporânea. Que seja considerada literatura para crianças a obra cujo valor estético seja notável, ou seja, a obra de valor atemporal, comprometida com o imaginário da infância e sujeita a provocar sensações e emoções no leitor. Sou da mesma opinião da ensaísta, por isso trago, para enriquecer nossa discussão sobre a literatura infantil, uma contribuição da referida autora:

[10] PEREIRA, Lúcia Miguel. *Escritos da maturidade: seleta de textos publicados em periódicos (1944 - 1959)*. Rio de Janeiro: Graphia; Fundação Biblioteca Nacional, 2005. p. 65.

"Com efeito, quer queira quer não, quem escreve para esse público especial exerce uma função educativa cujo alcance é mais profundo precisamente por não se apresentar com caráter formal. Para um adulto, um livro pode ser mera distração, pode ser simples documento, pode ser aceito parcialmente ou parcialmente rejeitado: para um menino, que está sempre, inconscientemente, aprendendo e assimilando, é muito mais do que isso: é um contato com a existência, é uma experiência nova, é uma abertura para o mundo, é alguma cousa de vivo que se incorpora à sua sensibilidade; desde que o interesse, que lhe consiga captar a atenção, terá sobre ele uma influência de cujos resultados não sabemos bem aquilatar, ignorantes como somos das condições de cada jovem leitor."

Em meu entendimento, a literatura para crianças não precisa trazer um texto simplificado, nem diminutivos ou linguagem que trate a criança como um ser incompleto. Uma literatura para crianças comprometida com a estética deve trazer textos e ilustrações isentos de moralismos, de estereótipos, de preconceitos e ricos em imagens que suscitem deleite, debate e até mal-estar. Uma literatura que traga a experiência do estranho para a criança. Uma boa literatura para crianças dialoga com o leitor, fazendo-o se aproximar de um universo familiar – o da infância; como também de um universo de seres e de coisas que surpreendem e abrem portas para a criança, o universo do que é diferente. A literatura acolhe o estranho, o esquisito; que surpreende, mas que também é familiar, questões trazidas por Freud, no trabalho de 1919, anteriormente citado aqui[11].

Aprecio a discussão da estudiosa da literatura infantil Nelly Novaes Coelho[12], professora da USP e especialista em literatura para crianças, sobre a natureza da literatura infantil:

"A literatura infantil é, antes de tudo, literatura; ou melhor, é arte: fenômeno da criatividade que representa o mundo, o homem, a vida, através da palavra. Funde os sonhos e a vida prática, o imaginário e o real, os ideais e sua possível/impossível realização..."

> [11] FREUD, S. op. cit., 1989.
>
> [12] COELHO, Nelly Novaes. *Literatura Infantil: teoria, análise, didática*. São Paulo: Moderna, 2000. p. 27.

Quero, portanto, trabalhar a literatura como uma expressão artística para crianças. É importante ressaltar que para uma análise completa de uma obra literária para crianças, o texto e as ilustrações devem ser discutidos e contemplados. A ilustração de um livro para crianças não é um mero adorno, nem é uma decodificação não verbal da história. Nem tampouco é uma legenda para a história. As imagens de um livro para crianças compreendem uma outra linguagem, apoiada na estrutura das artes plásticas – o desenho e a pintura, principalmente. Ou apoiada na estrutura do design gráfico.

Uma ilustração é diferente de uma pintura; ela existe para "ilustrar" o livro, dar-lhe lustre, brilho; trazer-lhe uma outra linguagem. Enquanto que a pintura traz um sentido nela mesma, sem depender de texto ou de outras pinturas. A ilustração costuma seguir uma linha narrativa. No caso da ilustração de um livro para crianças, verificamos que ela pode possuir um valor estético no livro, vinculado aos outros desenhos, ao próprio texto e ao projeto gráfico. Dessa maneira, a análise de um livro de literatura para crianças contempla o texto, as ilustrações e o projeto gráfico, para que o livro seja tratado como um todo, como um objeto de arte para crianças.

Uma visão histórica da infância, da literatura para crianças e do brinquedo

3.1 Infância

A existência do conceito de infância, tal como a concebemos hoje, no ocidente, é moderna surgiu a partir da metade do século XVIII. Antes disso, a criança participava da vida familiar e social como um mini-adulto. Não existia uma preocupação com o desenvolvimento do infante e a infância não era tratada como uma etapa da evolução humana. Não é fácil visualizar uma criança que viveu na Idade Média, se não recorrermos ao recurso das artes plásticas e da reprodução de fotografias montadas, por exemplo. A criança hoje é outra!

Philippe Ariès, historiador francês, desenvolve uma reflexão sobre o surgimento e o desenvolvimento do conceito de infância em *A história social da criança e da família*[13]. Em sua obra, acompanhamos um estudo sobre a infância, a vida escolástica e a família, desde as "idades da vida", que não correspondiam apenas a etapas biológicas, mas a funções sociais, até a concepção moderna de infância, a da virada do século XIX para o XX. Sobre as "idades da vida"[14]:

[13] ARIÈS, Philippe. *História social da criança e da família*. Rio de Janeiro: Guanabara, 1989.

[14] ARIÈS, P. op. cit., 1989. p. 39.

"Primeiro, a idade dos brinquedos: as crianças brincam com um cavalo de pau, uma boneca, um pequeno moinho

**ou pássaros amarrados. Depois, a idade
da escola: os meninos aprendem a ler
ou seguram um livro e um estojo; as
meninas aprendem a fiar. Em seguida,
as idades do amor ou dos esportes da
corte e da cavalaria: festas, passeios
de rapazes e moças, corte de amor, as
bodas ou a caçada do mês de maio dos
calendários. Finalmente, as idades
sedentárias, dos homens da lei, da
ciência ou do estudo: o velho sábio
barbudo vestido segundo a moda antiga,
diante de sua escrivaninha, perto da
ladeira."**

De acordo com sua tese, a identidade da infância muda após a revolução industrial, na metade do século XVIII, com as transformações sociais e a necessidade de inserção da criança nos modos de produção. Destacam-se a ascensão da burguesia, a industrialização e a modernização da sociedade como fatores preponderantes para a mudança na concepção e organização da família. Logo, a família e os laços afetivos passaram a se constituir como uma unidade interna valoriza-da pela sociedade.

Se observarmos na arte medieval como a criança estava representada, percebemos que faltava o sentimento de infân-cia. A criança era reproduzida como um homem em escala reduzida. Ariès comenta[15]:

[15] ARIÈS, P. op. cit., 1989. p. 10.

**"A transmissão dos valores e dos
conhecimentos e, de modo mais
geral, a socialização da criança não
eram portanto nem asseguradas nem
controladas pela família. A criança se
afastava logo de seus pais, e pode-se
dizer que durante séculos a educação
foi garantida pela aprendizagem,
graças à convivência da criança ou
do jovem com os adultos. A criança**

aprendia as coisas que devia saber ajudando os adultos a fazê-las. A passagem da criança pela família e pela sociedade era muito breve e muito insignificante para que tivesse tempo ou razão de forçar a memória a tocar a sensibilidade."

Salientamos que na passagem do século XIX para o século XX houve o surgimento da Psicologia, da Pedagogia e da Psicanálise, ciências que transformaram profundamente a sociedade, tanto as relações interpessoais quanto a forma de conceber o desenvolvimento humano, em especial, a infância. Cada uma dessas ciências, em seu tempo, desempenhou uma conquista para a sociedade em relação à concepção de família e à escola. A criança passou a ser vista como um ser completo, não como um vir a ser. Com isso, não se podia esconder dela nada que fosse humano, como o nascimento, a sexualidade, o sexo, a morte, por exemplo. E a infância começou a ser tratada como uma das fases do desenvolvimento humano, com suas características e restrições. Deparou-se com uma faceta cruel, grotesca e irascível da natureza infantil: a conjunção de forças do bem e do mal, presentes, ao mesmo tempo, na criança.

A partir de meados do século XVIII e início do século XIX, a criança recebeu um *status* próprio, como uma fase do desenvolvimento. A educação das crianças, antes atribuída às reuniões de trabalho e de lazer, passou a ser feita pela escola. Em conseqüência, houve a ruptura do contato e do diálogo entre adultos e crianças, o que marca o contexto da infância contemporânea.

O infante ganhou espaço nas casas, nas praças; surgiram escolas para as crianças e estudos e produtos de consumo são cada vez mais específicos e dirigidos às necessidades da criança. A sexualidade, presente na infância, tão bem caracterizada por Freud nos seus estudos sobre o desenvolvimento infantil, trouxe a identidade moderna que comungamos ainda hoje, na atualidade, sobre a infância.

Interessa-me, aqui, tratar a criança como um ser político, um cidadão, um sujeito desejante. Há uma produção cultural, na qual debruçamos para estudar, destinada à criança, por isso, minha proposta de tratar a criança como um ser ativo, um interlocutor – um sujeito do desejo.

3.2 Literatura para crianças

O primeiro livro ilustrado para crianças foi publicado por John Newbery, na Inglaterra, no século XVIII, de acordo com John Rowe Townsend[16], especialista e crítico de literatura infantil britânico. Já a literatura para crianças tem suas origens no folclore do mundo ocidental. Não é só a literatura infantil brasileira, cujo patrono é Monteiro Lobato, que nasceu da literatura oral folclórica. A literatura para crianças, no mundo, tem suas raízes plantadas nas narrativas recolhidas por estudiosos e autores, hoje conhecidas como contos de fadas.

Os vestígios mais remotos da literatura infantil datam de séculos antes de Cristo, com raízes nos contos maravilhosos, narrativas colhidas na oralidade popular. Provêm de fontes orientais e célticas, conforme nos atesta Nelly Novaes Coelho em *O conto de fadas*[17]; *As mil e uma noites* e *Calila e Dimna*, como exemplos de fontes orientais; e *Beowulf* e *Os lais de Marie de France*, como exemplos de fontes célticas. Assim, a literatura infantil tem como identidade o hibridismo, a junção de narrativas folclóricas colhidas em distintas áreas geográficas, tanto pelas origens ocidentais, quanto pelas orientais.

A partir da Idade Média, as fontes orientais e célticas foram assimiladas por textos europeus, como exemplo, O conto

[16] TOWNSEND, John Rowe. *Written for children*. London: The Bodley Head, 1995. p. 12-19.

[17] COELHO, N. N. *O conto de fadas.* São Paulo: DCL, 2003.

dos contos, de Basile, do século XVII. No final do século XVII, na França de Luís XIV, surgem as narrativas populares folclóricas, momento em que a fantasia se impõe à lógica, com a produção dos recontos de Charles Perrault, para serem leitura dos filhos dos cortesãos.

O primeiro núcleo da literatura infantil ocidental, considerado pelos estudiosos, são *Histórias ou contos do tempo passado, com suas moralidades – Contos da minha Mãe Gansa* (1697), do francês Charles Perrault, no qual reuniu oito histórias recolhidas da tradição oral de seu país, com um estilo próprio para ser leitura dos descendentes dos nobres franceses: os personagens envolvem-se em situações de riscos e de conflitos que são resolvidos e/ou elaborados. E, ao final da narrativa, há uma moral destinada a ensinar e educar os pequenos nobres.

No início do século XIX, reaparece o interesse dos adultos pelas narrativas maravilhosas. Surge o núcleo europeu de estudos filológicos, com os Irmãos Grimm, na Alemanha, com *Contos de fadas para crianças e adultos*. Os filólogos imprimiram um novo estilo aos contos coletados da tradição oral de seu país. Personagens do campo e das florestas, juntamente com animais, viviam situações típicas da época, como a pobreza, a falta de alimentos e a necessidade do trabalho braçal no meio rural.

Também no século XIX, Hans Christian Andersen, escritor dinamarquês, trouxe para as histórias o maravilhoso nórdico. Ele é considerado o grande criador da literatura infantil, conseguiu a fusão entre o pensamento mágico das origens arcaicas e o pensamento racionalista dos novos tempos. Além das narrativas tradicionais folclóricas, Andersen introduziu a tristeza, a morte, a perda e a dor nos finais de algumas de suas histórias; criou, com isso, um gênero absolutamente novo, conhecido hoje como literatura infantil. Ele é considerado o fundador de uma literatura com características modernas, como a quebra do final feliz, com traços folclóricos do gênero maravilhoso.

Destaco ainda outros núcleos europeus da literatura para crianças nas obras *Alice no País das Maravilhas*, de Lewis Carroll, da Grã Bretanha; e *Pinóquio*, de Carlo Collodi, da Itália.

Percebemos, assim, que a literatura infantil tem suas raízes na tradição oral de países europeus. Os contos de fadas e os recontos folclóricos são considerados os núcleos geradores de uma literatura para crianças comprometida com o imaginário e a herança cultural daqueles povos. No Brasil, Monteiro Lobato é considerado o divisor de águas da literatura para crianças. Além de buscar no folclore nacional elementos e personagens para suas histórias, ele utilizou personagens e situações da literatura universal, a exemplo de *Os doze trabalhos de Hércules*, e atualizou episódios da História e da literatura clássica, introduzidos no cenário do Sítio do Pica-pau Amarelo.

Antes dele, havia traduções e adaptações feitas num português formal, sem fruição e as criações literárias de autoria dos brasileiros eram absolutamente empobrecidas e moralistas, sem a linguagem coloquial e o constante diálogo com o leitor criança. As personagens criadas por Lobato são tão clássicas, que vivem hoje nas produções culturais e nos produtos de consumo voltados às crianças (livros, teatro, televisão, cosméticos, roupas, cadernos...), sem necessidade de se identificar a autoria. A Emília, o Visconde, a Tia Nastácia, o Pedrinho, a Narizinho e a Dona Benta são representantes de uma literatura voltada, sobretudo, ao entretenimento, à leitura de deleite. Eles são mais famosos do que aquele que os criou: Monteiro Lobato. Na realidade, eles são o Lobato!

A literatura infantil brasileira é fruto da modernização do país, embora tenha surgido na época do Império, somente conquistou sua autonomia na terceira década do século XX. Se, na Europa, em pleno século XVIII, já se produziam livros para crianças na Inglaterra; no Brasil, esse processo foi lento e atrelado à política, às campanhas de leitura e compra de livros pelo governo e ao desenvolvimento da indústria editorial. A criação da Fundação Nacional do Livro Infantil e Juvenil (FNLIJ), em 1968, considerada a mais importante instituição do setor dedicada à divulgação e pesquisa do livro de qualidade e pioneira na realização de programas de incentivo à leitura, contribuiu para a formação e o fortalecimento da nossa literatura para crianças.

A Fundação foi criada no final da década de 1960 e início da de 1970, quando surgiram muitos dos escritores e ilustradores de literatura infantil. Foi um período conhecido como ditadura militar, em que a censura se deteve em produções artísticas voltadas para o público adulto e as criações para a infância surgiram nessa lacuna não vigiada pelo regime militar. Em 1974, ela criou o Prêmio FNLIJ na categoria "O Melhor para a Criança". Em 2007, a FNLIJ já contava com 18 categorias de livros premiados anualmente. Isso mostra o crescimento, a ampliação e a abrangência do Prêmio FNLIJ e da própria produção editorial brasileira de literatura para crianças. Ou seja, a história da FNLIJ se desenvolve, concomitantemente, com a história da literatura infantil nacional.

Os livros para crianças têm sido produzidos de forma contínua, mas repleta de mudanças no Brasil, nos últimos anos. Temos alguns dos melhores escritores do mundo, consagrados e premiados. E muitos deles estão em plena produção, a exemplo de Lygia Bojunga, Ana Maria Machado, Ziraldo, Ruth Rocha, Bartolomeu Campos de Queirós, Marina Colasanti, Joel Rufino dos Santos, para citar alguns, que começaram a publicar nas décadas de 1960 e de 1970. As duas primeiras são vencedoras do maior prêmio internacional de literatura infantil pelo conjunto da obra, o Prêmio Hans Christian Andersen (HCA) do International Board on Books for Young People (IBBY), cuja seção brasileira é a FNLIJ. Lygia, em 1982, e Ana Maria, em 2000, são as únicas latino-americanas a receberem o prêmio HCA. E o prêmio Astrid Lindgren Memorial Award (ALMA), da Suécia, o maior em valor financeiro do mundo, em seu segundo ano, foi para Lygia Bojunga, pelo conjunto da obra, em 2004. São conquistas importantíssimas para a literatura infantil brasileira. Por trás de autores premiados, com certeza há uma literatura de qualidade e consistência.

Temos ainda excelentes ilustradores, como Angela Lago, Eliardo França, Rui de Oliveira, Roger Mello, Graça Lima, Marilda Castanha, Nelson Cruz, André Neves, Marcelo Ribeiro e Odilon Moraes, premiados no Brasil e no estrangeiro. Um movimento interessante que acontece no nosso país e em outros é o dos ilustradores que passam a também escrever seus próprios textos, por motivações artísticas e, obviamente, por interesses de direitos autorais. O grande surgimento dos ilustradores se deu, principalmente, na década de 1980.

A Inglaterra foi o primeiro país a publicar os livros ilustrados, os "Picture books" e manteve um perfil de inovação e excelência. Foi ela que consolidou o livro ilustrado para crianças. E continua a trazer importantes contribuições no campo da literatura para crianças.

No caso do Brasil, Monteiro Lobato é considerado o pai da literatura infantil, comprometida com o entretenimento, por ter sido o primeiro a criar histórias voltadas à infância, que recorreram ao nosso folclore e às nossas tradições e brasilidade. Com a publicação, em 1921, de *A menina do narizinho arrebitado*, ele trouxe obras com ludicidade e fantasia. Antes dele, havia edições portuguesas de livros para crianças e livros de autores nacionais com uma linguagem rebuscada e temas de pouco interesse para as crianças. Depois de Lobato até as décadas de 1960 e 1970, surgiram autores como Érico Veríssimo, José Lins do Rego, Viriato Correia, Orígenes Lessa e Lúcia Machado de Almeida, principalmente autores para adultos, que fazem sucesso até hoje com textos para crianças.

Nas décadas de 1980 e 1990, surgiram também escritores e ilustradores como Roseana Murray, Rosa Amanda Strausz, Tatiana Belinky, Leo Cunha, Luciana Sandroni, Ricardo Azevedo, Eva Furnari, Rogério Andrade Barbosa, Stela Maris Resende, Luís Antonio Aguiar, Ricardo da Cunha Lima, Marcelo Xavier, Jorge Miguel Marinho. E os autores para adultos também continuaram a entrar no mundo da literatura infantil, como Manoel de Barros, Ferreira Gullar... De todo modo, os elementos irreverentes trazidos por Lobato, como o diálogo com a criança, a linguagem coloquial, a valorização da fantasia e a redescoberta do folclore, são uma constante nas produções literárias das novas gerações de autores.

Acredito que o livro brasileiro se encontra numa fase em que poderíamos verificar principalmente aspectos como a revalorização do folclore, dos contos populares, dos recontos, das origens indígenas, africanas e européias que constituem nossa cultura. Uma literatura infantil que se volta para os seus primórdios e fontes: o imaginário nacional, a tradição popular e a linguagem não culta. É aí que estão nossas raízes, nossas origens: no hibridismo literário.

Do final dos anos 90 para a atualidade, notamos uma grande revolução nos livros brasileiros, no que toca ao projeto gráfico e à apresentação estética. Assim, a década de 1990 marca a expressão física dos livros. Houve uma transformação necessária para sustentar a qualidade dos textos e o surgimento de novos ilustradores e de novas técnicas como massa de modelar, bordados, fotografias de objetos, técnicas mistas e o uso de computador.

No nosso país, a poesia produzida para crianças depois do Modernismo caracteriza-se principalmente pela exploração do lúdico, pela riqueza de ritmos nos poemas, aspectos presentes na obra de poetas como Cecília Meireles e Sidônio Muralha, recentemente reeditados pela Editora Global. Em seguida, na década de 1970, temos a produção poética de Mário Quintana e Vinícius de Moraes. E, posteriormente, surgiram publicações de poetas como José Paulo Paes, Sérgio Caparelli, Elias José, Roseana Murray, Leo Cunha e Ricardo da Cunha Lima. São poetas que se debruçam na beleza sonora das palavras e montam um jogo poético rico em fantasias e melodias.

A literatura infantil brasileira, na atualidade, consolidou-se e representa uma importante fatia do mercado editorial, ao ser comparada com a literatura destinada aos adultos. Ela oscila entre a arte (na sua capacidade de deleitar) e a pedagogia (na sua função de ensinar/instruir), pois é por meio das escolas que chega à maioria das crianças brasileiras. Embora haja inúmeros escritores com milhares de edições de suas obras publicadas e vendidas, podemos dizer que a literatura para crianças ainda não adquiriu o *status* de Arte, se consideramos a sua ausência nos suplementos literários dos grandes jornais, o seu consumo maior pela escola e a falta de livrarias e de bibliotecas especializadas. Acrescenta-se a isso o fato de ela perder o seu leitor, que vira adulto e a deixa de lado. Com isso, é uma literatura marginal, que depende do adulto e dos segmentos públicos e privados que a fazem circular entre as crianças: governos, secretarias de educação e de cultura, professores, pais, bibliotecários, dentre outros.

Talvez a literatura infantil seja marginalizada pelo fato de a criança também o ser. Aquilo que é referente ao mundo infantil é considerado menor ou de pouca importância.

3.3 Brinquedos

[18] BENJAMIN, W. *Reflexões sobre a criança, o brinquedo e a educação.* São Paulo: Duas Cidades; Ed. 34, 2002.

O filósofo alemão Walter Benjamin, na obra *Reflexões sobre a criança, o brinquedo e a educação*[18], discute em alguns capítulos o brinquedo. "História cultural do brinquedo" mostra a evolução da produção de brinquedos, que não começou em seus primórdios como invenções de fabricantes especializados. Antes do século XIX, a produção de brinquedos não era função de uma única indústria. Os brinquedos nasceram em oficinas de entalhadores de madeira e de fundidores de estanho. Foram, inicialmente, produtos de uma mão-de-obra caseira, não especializada. Para ele, a Alemanha foi o centro espiritual do surgimento do brinquedo fabricado. Como exemplo, tem-se Munique como a cidade de onde provém a mais antiga casa de bonecas, e Nuremberg como a cidade-mãe dos soldadinhos de chumbo e dos bichos da arca de Noé. Até hoje, ambas as cidades são tradicionais e conhecidas pela fabricação de brinquedos, tanto para crianças quanto para adultos.

O comerciante de brinquedos foi surgindo aos poucos, ao final de um período da mais rigorosa especialização comercial. Seus precursores são, por um lado, os vendedores de artigos de marcenaria e os de ferragens, papéis e enfeites; por outro lado, os mascastes de cidades e feiras. Os avanços da Reforma levaram muitos artistas e artesãos, acostumados a trabalhar para a Igreja, a buscarem uma nova orientação para a produção de objetos artesanais e miniaturas. Passaram a criar pequenos objetos de arte para a decoração doméstica dos adultos e para o deleite das crianças.

Desde os seus primórdios, o brinquedo apresentava uma dupla função: a de enfeitar os lares dos adultos e a de entreter os pequenos. Já na segunda metade do século XIX, nota-se que os brinquedos ficaram maiores, perderam o elemento discreto, minúsculo e sonhador. À medida que a industrialização avançava, o brinquedo foi sendo subtraído do controle da família e sendo planejado, feito e comercializado por profissionais que foram se especializando na confecção de brinquedos.

Os objetos considerados na nossa cultura hoje como brinquedos foram alguns deles, nas suas origens, há séculos atrás, objetos de adoração, como as bonecas; ou de defesa, como o arco e flecha e o bodoque. A função desses objetos foi se transformando com a própria história da vida social, da família e das produções culturais.

Jean Chevalier e Alain Gheerbrant[19], no seu *Dicionário de símbolos*, não abordam o brinquedo, mas no verbete sobre o jogo, comentam:

[19] CHEVALIER, J. & GHEERBRANT, G. *Dicionário de símbolos – Mitos, sonhos, costumes, gestos, formas, figuras, cores, números.* 2 ed. Rio de Janeiro: José Olympio, 1989. p. 519.

"Certos jogos e brinquedos eram ricos de um simbolismo que hoje se perdeu: o mastro de cocanha ou pau-de-sebo está ligado aos mitos da conquista do céu; o futebol, à disputa do globo solar entre duas fatrias antagonistas. (...) O papagaio (pandorga, pipa) representava, no Extremo Oriente, a alma exterior do seu proprietário, o qual permanecendo, embora, no solo, estava ligado magicamente (e efetivamente, pelo fio) à frágil armação de papel de seda entregue aos redemoinhos das correntes aéreas. Na Coréia, a pipa funcionava como bode expiatório, para libertar dos males uma comunidade pecadora... Esses jogos e

brinquedos não deixam de ter, ainda hoje, uma razão de ser; deixaram de ser sagrados, mas ainda desempenham papel psicológico e social dos mais importantes como símbolos agonísticos e pedagógicos."

[20] BENJAMIN, W. op. cit., 2002.

Benjamin[20] defende que os materiais mais adequados para a confecção de brinquedos são a madeira, o papel, o plástico, as pedras, a plastilina, os ossos, a argila, para garantir a duração e segurança do brinquedo. Ninguém melhor do que as próprias crianças para provar como a simplicidade do material é relevante: um pedaço de madeira, uma pedra, uma pinha, cada um desses objetos reúne em sua solidez uma exuberância das mais diferentes figuras e criações. Quanto mais atraentes os brinquedos, mais distantes estarão de seu valor como "instrumentos" de brincar. Quando a criança quer puxar alguma coisa, torna-se cavalo; quer brincar com areia, torna-se padeiro; quer esconder-se, torna-se ladrão ou guarda. Isso mostra que não foi o brinquedo que veio antes da brincadeira.

O brinquedo deve trazer em si qualidades específicas para o entretenimento da criança. Deve ser tocado e manuseado, sem risco de se descompor ou perder as funções, seja de empurrar, seja de puxar. Um brinquedo implica movimento, em uma dinâmica que atende ao imaginário da criança; à sua necessidade de transformar os objetos e os sentimentos.

Muitos estudiosos das áreas de Educação, Psicologia e Psicanálise se dedicaram ao estudo do brinquedo. Como pretendo uma leitura psicanalítica do brinquedo na literatura para crianças, farei uma apresentação de alguns estudos e concepções sobre o brinquedo, que poderão apoiar meu estudo, sem, contudo, pretender mostrar um levantamento exaustivo e aprofundado sobre o tema. Interessa-me, em especial, a pesquisa e o estudo do brinquedo na abordagem da Psicanálise.

[21] KISHIMOTO, T. M. (org.) *Jogo, brinquedo, brincadeira e educação*. São Paulo: Cortez, 2005. p. 17-19.

A título de esclarecimentos, para uma melhor compreensão do meu trabalho, aponto uma distinção entre o brinquedo, a brincadeira e o brincar. Para a educadora e estudiosa do jogo e do brinquedo, Tizuko Morchida Kishimoto[21], no nosso país, termos como jogo, brinquedo e brincadeira costumam ser utilizados de uma forma indistinta e, acrescento, errônea. Isso mostra um nível incipiente de conceituação e de pesquisas nesse campo:

"Diferindo do jogo, o brinquedo supõe uma relação íntima com a criança e uma indeterminação quanto ao uso, ou seja, a ausência de um sistema de regras que organizam sua utilização."

E, mais, adiante:

"E a brincadeira? É a ação que a criança desempenha ao concretizar as regras do jogo, ao mergulhar na ação lúdica. Pode-se dizer que é o lúdico em ação. Desta forma, brinquedo e brincadeira relacionam-se diretamente com a criança e não se confundem com o jogo."

Quanto ao brincar, pode-se dizer do ato de manipular um brinquedo ou de fazer de um objeto um brinquedo. Jean Chevalier e Alain Gheerbrant[22], ao citar Gerhard Adler (1957):

"Brincar com alguma coisa significa dar-se ao objeto com o qual a gente brinca. Aquele que brinca investe de alguma forma sua própria libido na coisa com que brinca. (...) Brincar é lançar uma ponte entre a fantasia e a realidade pela eficácia mágica da própria libido; brincar é, então, um rito de entrada e prepara para o caminho para a adaptação ao objeto real... (ADLJ, 102-103)."

[22] CHEVALIER, J. & GHEERBRANT, A. op. cit., 1989. p. 520.

Um brinquedo pode representar certas realidades para a criança, ao corresponder a algo pensado, lembrado e imaginado, e evoca algo, mesmo na ausência deste. Ele costuma colocar a criança na presença de reproduções de coisas do imaginário e do cotidiano. Assim, um dos muitos objetivos do brinquedo pode ser o de oferecer à criança um substituto para os objetos reais, para que ela possa se apropriar deles.

Gilles Brougère, antropólogo e educador francês, discorre sobre a origem e a história do brinquedo em diferentes estudos e obras. *Em Brinquedo e cultura (2004)*[23] , o estudioso discute a dimensão social do brinquedo, ao mostrar que uma das funções sociais do brinquedo é a de ser um presente destinado à criança, para uso e manuseio. Como suporte de uma representação, o brinquedo é dotado de um forte valor cultural, se definirmos cultura como o conjunto de significações produzidas pelo homem. Dessa maneira, a imagem do brinquedo reflete a representação que uma sociedade tem da criança e do brincar.

Para Brougère, o brinquedo não parece definido por uma função precisa, como é o jogo. O brinquedo é um objeto que a criança manipula livremente, sem estar condicionado a regras ou a princípios de utilização de outra natureza. A função do brinquedo seria a brincadeira. E o que a caracteriza é que ela pode fabricar seus objetos, em especial, principalmente desviando os objetos que cercam a criança de seu uso habitual.

O brinquedo é um fornecedor de representações manipuláveis, de imagens com forma e volume, o que constitui a sua grande originalidade, a de trazer a terceira dimensão para o mundo da representação. Ele provoca sensação e emoção na criança. Reitero que meu objeto de estudo e pesquisa é o brinquedo, o que não me impede de trazer comentários sobre a brincadeira e o brincar.

No caso do Brasil, os primeiros brinquedos industrializados, provenientes quase sempre da Europa, chegaram aqui no começo do século XX. Eram feitos em folhas de aço e estanho e pintados à mão, tradicionalmente produzidos por famílias artesãs que se transformaram em industriais. Havia réplicas de automóveis, trens, navios a vapor, muitos deles movidos à corda.

Na obra *Álbum Carioca – Energia elétrica e cotidiano infanto-juvenil (1920-1949)*[24], há um capítulo dedicado aos brinquedos, com fotos, ilustrações e textos informativos sobre a história dos brinquedos no mundo e no Brasil. Nota-se como o brinquedo foi deixando de ser, exclusivamente, uma miniatura de objetos e de coisas do universo adulto para ser, cada vez mais, uma reprodução de coisas do universo da criança: palhaços, bonecas não adultizadas, bebês em miniatura, quarto de crianças. Também o material empregado mudou. Do estanho e madeira, para o plástico e o tecido. Houve, assim, uma transformação na concepção e na produção do brinquedo ao longo dos anos.

[23] BROUGÈRE, G. *Brinquedo e cultura*. São Paulo: Cortez, 2004.

[24] BRITO, M. E. B. (coord.) *Álbum Carioca: energia elétrica e cotidiano infanto-juvenil* (1920-1949). Rio de Janeiro: Centro de Memória da Eletricidade, 2005. p. 146-161.

O livro e o brinquedo como produtos culturais

O que distingue um livro de um brinquedo? Esta é uma questão relevante que pode nos conduzir às diferenças entre esses dois objetos culturais. Em um capítulo destinado ao livro infantil, na obra já citada anteriormente *Reflexões sobre a criança, o brinquedo e a educação*[25], Walter Benjamin toma um conto de Hans Christian Andersen sem transcrevê-lo nem citar suas referências: havia um livro que valia a metade de um reino e onde tudo estava vivo, os pássaros, as pessoas... Quando a princesa daquele reino virava uma página do livro, as coisas e os seres pulavam de volta para não haver nenhuma desordem. Essa idéia, de que não são as coisas que saltam das páginas de um livro em direção à criança ao contemplar um livro, é defendida por Benjamin. É a própria criança que penetra nas coisas quando contempla uma obra literária. Como se recriasse a história, o leitor entra no mundo da imaginação que traz um relato:

[25] BENJAMIN, W. op. cit., 2002. p. 69-80.

> "A criança penetra nessas imagens com palavras criativas. Nessas imagens, aprende ao mesmo tempo a linguagem oral e a escrita: os hieróglifos."

Mais adiante, nos atesta o filósofo:

"O intenso florescimento do livro infantil, na primeira metade do século XIX, decorreu menos de uma concepção pedagógica concreta, do que da vida burguesa daqueles dias, como um momento dela própria... nas menores cidades viviam então editores, cujos produtos mais corriqueiros eram tão graciosos como os modestos móveis de então, em cujas gavetas eles haviam dormido por cem anos".

Proponho a consideração de que um livro para crianças é, acima de tudo, um livro. Um livro que também pode ser manuseado e apreciado por um adulto. E com uma particularidade especial: embora a obra seja destinada a uma criança, é o adulto quem concebe, escreve, desenha, edita, comercializa, critica, seleciona. Como o adulto está presente em todo o processo de produção, de seleção e de mediação de um livro para crianças, o principal aspecto que diferencia esse livro dos demais é a maneira como é concebido. Sim, o aspecto gráfico, o projeto editorial, como ele vem apresentado, a escolha do papel e dos tipos, a capa, a ilustração. Por sua vez, o brinquedo importa pela sua capacidade de propiciar a criação de si, ao introduzir na criança a simbolização e a subjetivação.

O livro criado propositalmente para ter uma função clínica (produzir subjetividade) ou didática (ter uma função didática) não é literário. Pode ser um objeto de auto-ajuda, ou utilitário e tem uma concepção perversa. Uma obra literária não é pré-concebida, ela possui a capacidade de produzir subjetivação. Isso não impede que a posteriori a obra literária seja usada na clínica ou na escola.

John Rowe Townsend[26] discute na obra *Written for children* o que caracteriza o livro de literatura infantil. É uma questão difícil para nós adultos, porque há um senso do que seja a literatura infantil, não precisamos defini-la, pois sabemos o que é. É aquela literatura comprometida com o olhar do leitor, com o desejo, com a curiosidade, com o entretenimento. Sabemos,

[26] TOWNSEND, J. R. op. cit., 1995.

silenciosamente, o que é a literatura infantil. Como a infância não é uma etapa separada da vida, o livro a ela destinado também não pode ser tratado de forma estanque, estereotipada, preconceituosa, de que as histórias têm que ter final feliz, os textos com muitos diminutivos, linguagem simplificada, ilustrações fiéis ao texto, textos educativos.

Ainda recorro a Townsend, ele diz que é o adulto quem decide o que é a literatura infantil, pois muitas vezes obras inicialmente produzidas para o público adulto são publicadas para o público infantil. Como exemplo, trazemos a obra *Fita verde no cabelo*, de Guimarães Rosa, ilustrações de Roger Mello, da Editora Nova Fronteira, que foi publicada especialmente para o público infantil e juvenil em 1992, ano em que se completaram 25 anos de morte do autor. O conto, extraído da obra *Ave, palavra*, apresenta uma nova leitura do conto de fadas *Chapeuzinho Vermelho*, quando mostra o confronto de uma menina com a morte da avó e toda sorte de sentimentos decorrentes dessa experiência.

Essa é uma tendência presente no mercado editorial; é o adulto quem decide o que é a literatura infantil, leia-se o autor, o editor, os críticos e especialistas da área, o professor, o bibliotecário, o educador, os pais. O acabamento final de um livro para crianças é da responsabilidade de um adulto. Por isso, é, principalmente, a apresentação gráfica de um livro que o distingue como um livro para crianças, pois textos publicados anteriormente como obra para adultos são apropriados pelo mercado de literatura para crianças.

Em relação ao brinquedo, ocorre esse mesmo fenômeno: é o adulto quem decide o que pode ser um brinquedo para crianças, diferente de um brinquedo para adultos. A indústria, o comércio e os meios de comunicação de massa criam destinos e funções para os brinquedos, fazendo-os chegar às mãos das crianças.

No entanto, um livro é diferente de um brinquedo. Em princípio, o livro é, muitas vezes, tratado como um objeto intelectualizado, aplicado à busca de conhecimentos; enquanto que o brinquedo é tratado como um objeto de entretenimento. Reconhecemos o livro de literatura infantil como um objeto de entretenimento, apesar de o livro ter uma utilização atrelada à escola, enquanto o brinquedo não. Claro que sabemos que há o uso de brinquedos em creches e jardins de infância; já nas séries seguintes do Ensino Fundamental esse uso não é tão comum. O livro pode ser tirado emprestado na biblioteca, manuseado na livraria, enquanto o brinquedo, com raríssimas exceções de brinquedotecas que fazem empréstimos, não costuma ser retirado emprestado. E salvo em alguns casos de lojas de brinquedos, pode ser manuseado sem ser adquirido. E há os brinquedos com funções interativas e lúdicas, os brinquedos educativos.

Lembro que o brinquedo é um objeto de consumo mais popular no nosso país do que o livro. Ao nascer uma criança, é comum presenteá-la com uma roupinha ou com um brinquedo: um mordedor de plástico, um boneco, um bichinho de pelúcia ou de pano. Isso raramente acontece com o livro: ser o objeto de presente de um bebê. É claro que um bebê não vai manusear um livro, como também não vai manusear um ursinho de pelúcia! E saliento que há lojas de brinquedos nas cidades grandes e pequenas, ou a venda de brinquedos em armazéns, farmácias, camelôs. O livro costuma ser vendido, principalmente, nas livrarias e em bancas de revista, quando existem. O livro de literatura não é um objeto de uso e consumo popular no Brasil até o presente momento. Essa diferença está relacionada a aspectos sociais e culturais e a ausência ou ineficácia de políticas públicas de promoção da leitura na história da educação brasileira.

Busco subsídios em Edmir Perrotti, crítico de literatura infantil e professor da USP, no artigo "A criança e a produção cultural"[27], que propõe considerarmos a criança como um ser político, para fazer frente à produção cultural a ela destinada. Ele faz uma associação entre o tempo do lúdico e o da produção capitalista:

> **"A racionalidade capitalista despreza completamente o tempo dos homens. Tempo total, integral, simultâneo, passado-presente-futuro fundidos em instantes de plenitude. A racionalidade do sistema produtivo torna o lúdico inviável, pois o tempo do lúdico não é regulável, mensurável, objetivável. Toda tentativa de subordiná-lo ao tempo da produção provoca sua morte. Por isso ele é banido da vida cotidiana do adulto e permitido nas esferas discriminadas dos 'improdutivos'. O lúdico, dentro do mecanismo do sistema, é a sua**

[27] PERROTTI, E. IN *A produção cultural para a infância.* ZILBERMAN, R. (org.) Porto Alegre: Mercado Aberto, 1984. p. 20.

negação. Em seu lugar, permite-se o lazer, o não-trabalho, coisa totalmente diferente do lúdico, que é o jogo, a brincadeira, a criação contínua, ininterrupta, intrínseca à produção. Ora, o tempo do lúdico não pode ser jamais o da produção capitalista. Daí o lúdico identificar-se com a criança, já que ela não está apta para o sistema de produção em virtude de o espírito da racionalidade não ter conseguido ainda domá-la."

Haveria, na atualidade, entre as crianças, espaço e tempo para objetos culturais como o livro e o brinquedo? Por onde anda o lúdico? Podemos encontrar respostas para questões como essas na análise de obras proposta, mais adiante, a de verificar a representação do brinquedo na literatura para crianças.

O brinquedo
e o imaginário

Recorro ao estudioso francês Gilbert Durand[28] para uma compreensão sobre o imaginário à qual tenho me referido ao longo deste estudo. O imaginário é como um museu que guarda as imagens passadas, pensadas, produzidas e a serem produzidas por um sujeito. Se, por um lado, temos o imaginário como uma dimensão especular – o sujeito e a sua imagem; por outro lado temos a imaginação, como uma das faculdades mentais, como também são o pensamento e a sensação. Aqui, interessa-me o imaginário como um depositário das construções subjetivas de um sujeito, como nos diz Durand:

[28] DURAND, G. *O imaginário. Ensaio acerca das ciências e da filosofia da imagem*. Rio de Janeiro: Difel, 2004. p. 117.

"Este se define como uma representação incontornável, a faculdade da simbolização de onde todos os medos, todas as esperanças e seus frutos culturais jorram continuamente desde os cerca de um milhão e meio de anos que o homo erectus ficou em pé na face da terra."

Como a cultura atual se manifesta por meio de formas lúdicas? A partir do século XIX, a sociedade perdeu grande número de elementos lúdicos que caracterizavam épocas anteriores, estudadas na obra Homo Ludens[29], do filósofo alemão Johan Huizinga (1980). Segundo ele, as competições em habilidade, força e perseverança sempre ocuparam um lugar dos mais importantes em todas as culturas, em relação ao ritual e ao divertimento. O que caracteriza o lúdico é a espontaneidade e a despreocupação na participação de atividades de brincadeira e não as regras e os regulamentos. Esses estariam mais relacionados ao jogo, que não vou me deter no presente trabalho. Contudo, as regras podem estar presentes em alguns tipos de brincadeiras e até em algum brinquedo. A espontaneidade é, efetivamente, uma característica presente no brinquedo.

[29] HUIZINGA, J. *Homo Ludens*. São Paulo: Perspectiva, 1980.

Há fenômenos da vida social que podem compensar, ou seja, substituem as formas lúdicas, como o esporte, por exemplo. A sistematização e a regulamentação cada vez maiores do esporte implicam na perda das características lúdicas consideradas puras. Isso porque o brinquedo e o jogo se diferem no estabelecimento das regras, que estão mais presentes no jogo.

A vida social está dominada por algo que designa a mistura de adolescência e barbárie. Proximamente relacionado com o jogo e que expressa a ilusão de um fator lúdico, o puerilismo manifesta-se nos costumes presentes na sociedade, como o gregarismo e a sede insaciável de divertimentos vulgares e de sensacionalismo e o gosto pelas reuniões de massa. Contudo, os brinquedos das crianças não são pueris no sentido pejorativo em que esse termo costuma ser utilizado. O brinquedo funciona como um instrumento de trabalho – do imaginário infantil. Ele pode ser um objeto real, imaginário e simbólico para uma criança. Dessa maneira, o brinquedo está associado ao que é lúdico.

A nossa civilização não pode existir sem um certo elemento lúdico, porque ela implica na limitação e no domínio que um sujeito tem de si próprio, na capacidade de não tomar suas próprias tendências como finalidades últimas da humanidade. A civilização é como um jogo, uma brincadeira, governada por certas regras.

Como uma criança pertence a uma sociedade, a um povo, não podemos supor que ela faça parte de uma comunidade isolada. O mesmo ocorre com seus brinquedos: não são o testemunho de uma vida isolada e autônoma, mas estabelecem um diálogo simbólico entre a criança e o seu povo. Os brinquedos expostos em um museu são os testemunhos dos hábitos e costumes de um povo. Traduzem a história das relações interpessoais e registram uma alteridade significativa para a compreensão de uma dada cultura. Como o brinquedo ocupa o lugar de um outro, ele espelha as fantasias, as subjetividades, o imaginário da criança.

As funções do brinquedo

Por ser o objeto primordial da infância, espera-se que o brinquedo esteja presente nas produções artísticas destinadas à criança: literatura, teatro, dança, música... Não podemos reduzir o envolvimento do adulto com o brinquedo a uma regressão maciça à vida infantil, quando ele se vê tomado por um tal ímpeto de brincar. Não há dúvida de que brincar significa sempre libertação. Rodeadas por um mundo de gigantes, as crianças criam para si, ao brincar, o pequeno mundo próprio; mas o adulto, que se vê acossado por uma realidade ameaçadora, sem perspectivas de solução, liberta-se dos horrores do real mediante a sua reprodução miniaturizada. Ao reproduzir os brinquedos, os adultos retornam à sua infância, retorno necessário à manutenção da memória e da infância presentes em cada um.

[30] BENJAMIN, W. op. cit., p. 85.

De acordo com Benjamin[30], a banalização de uma existência insuportável contribuiu consideravelmente para o crescente interesse que jogos, brinquedos e livros infantis passaram a despertar após o final da Segunda Guerra Mundial. Nem todos os novos estímulos direcionados então à indústria de brinquedos foram-lhe úteis. A delicada silhueta das figuras laqueadas que, entre tantos produtos antigos, representam a modernidade, não é, propriamente, um objeto lúdico. Tais figuras caracterizam mais aquilo que o adulto gosta de conceber como brinquedo do que as exigências da criança em relação ao brinquedo. A produção de brinquedos foi, assim, marcada pelo olhar adulto sobre a criação do brinquedo. Reproduzia, num primeiro momento, imagens do imaginário do adulto: miniaturas de trabalhadores, de fábricas, de engenhos, de automóveis...

Foi necessário muito tempo para que a sociedade entendesse que as crianças não são homens ou mulheres de tamanho reduzido. Somente no século XIX as roupas infantis se emanciparam das adultas. Isso aconteceu também com as bonecas e suas vestimentas e com alguns brinquedos que se libertaram da roupagem formal e adulta, considerando algumas exceções, como as bonecas Barbie e Polly.

São muitas as funções do brinquedo para a criança, ao longo do próprio desenvolvimento do conceito de infância e do brinquedo, por não se tratarem de conceitos estáticos e estanques. Trago aqui algumas funções do brinquedo postas pela sociedade: o entretenimento, o aprendizado, a repetição e a imitação.

[31] CASCUDO, L. da C. *Civilização e cultura*. São Paulo: Global, 2004. p. 581-582.

O folclorista e estudioso da cultura Luís da Câmara Cascudo, na obra *Civilização e cultura*[31], dedica um estudo sobre a necessidade lúdica e o desejo de brincar como constantes da existência humana. Cascudo mostra algumas das funções do brinquedo e da brincadeira, como o aprendizado e a imitação e apresenta o brinquedo como iniciador das primeiras normas da vida na infância:

"No brinquedo-material a utilidade não é menor nem menos preciosa. Espécie de lâmpada de Aladim, o brinquedo transforma-se nas mãos da criança numa diversidade incontável, imprevista e maravilhosa."

Mais adiante, ele defende que a criança reproduz no microcosmo o macrocosmo ambiental, ao repetir a vida material que vê normalizar-se na família. Ao imitar o adulto, na manipulação de um brinquedo, a criança reproduz o mundo de outrem e o brinquedo se define como um objeto da alteridade.

Ainda sobre a repetição, acrescento que ao repetir, a criança se apodera do brinquedo, se vê como agente do brincar.

Com relação à repetição de uma mesma história, histórias que são repetidas para a criança no contar ou na leitura, a repetição da mesma história propicia à criança a certeza de que ela domina o que ouviu ou leu, mesmo que ela não saiba ler.

O entretenimento nos remete a uma visão capitalista de se comprar um brinquedo para que a criança brinque e se divirta. Está claro aos nossos olhos que o brinquedo cumpre a função de distrair a criança. Por sua vez, o aprendizado, associado à educação e à escola, é outra função que o brinquedo cumpre na vida social da criança. Já a repetição se justifica pelas descobertas psicanalíticas de Freud dos movimentos repetidos de uma criança frente a um brinquedo. O menino enrolava e desenrolava um cordão em um carretel. Eram movimentos compulsivos que mostravam a importância da repetição no ato de brincar. Quanto à imitação, entendo que ela sirva à necessidade psíquica da criança de imitar um adulto, ou um brinquedo e, assim, aprender com um outro. Quando uma criança brinca com uma boneca e suas vestimentas, ela a veste por imitação ao adulto.

Em análise de crianças na clínica, nós, psicanalistas, costumamos utilizar principalmente o brinquedo e os desenhos para a comunicação. Ao brincar, a criança se mostra, se permite ser conhecida, se revela. Não é estritamente necessário que a criança converse com o analista, mas que ela brinque e desenhe. Ali estão suas tristezas, suas mágoas, seus medos. Logo, vão surgindo as dificuldades que são nomeadas. E surgem também as soluções. O desenho e o brinquedo antecedem a palavra e a possibilidade de nomeação, surgem antes da elaboração dos conflitos infantis. Eles representam a subjetividade da criança: as dúvidas, as ansiedades, as fantasias.

O entretenimento está a serviço da distração da criança e da sua interatividade. Para ela, o brinquedo pode ser o que ela quer, do ponto de vista da brincadeira: um acampamento, uma caverna de monstros, uma gruta encantada... O brinquedo traz o acolhimento, o alimento, a alegria para os pequenos. Ele pode funcionar como uma ponte entre o mundo da criança e o mundo do adulto. Pode ser um jogo de empilhar, peças para se montar e desmontar. Feito de madeira, de pedras, de papel, de plástico, de barro, o brinquedo é matéria-prima para a construção de pontes, para se alcançar o mundo de fora de casa: a escola, a biblioteca, a praça, a livraria, os amigos, o desconhecido.

Podemos ainda considerar o brinquedo na sua função lúdica. Em primeiro lugar, temos a ludicidade como elemento de formação das subjetividades. E também como elemento de formação de resistência contra uma sociedade deprimida e perversa. A ludicidade pode se apresentar como um antídoto a uma sociedade de relações deprimidas e eivadas de perversidades. E, finalmente, a ludicidade pode ser tomada como um grande elemento de resistência ao utilitarismo, como uma defensora da obra literária, definidora do valor artístico da literatura infantil, que não se rende ao utilitarismo e ao didatismo. Como o brinquedo não está pronto, tem que ser descoberto, manipulado, a ludicidade se coloca como um elemento constitutivo do valor desse objeto que alimenta o imaginário da criança.

A criança pode aprender com o brinquedo a se comunicar com as pessoas, com o mundo. Aprende a se relacionar, a conhecer as coisas, a entender o funcionamento dos objetos. É claro que o contato com o brinquedo não invalida a necessidade do contato com os pais, com a família. O brinquedo não substitui nada para a criança, ele é um objeto necessário para a expressão dela diante das coisas. Ele funciona como uma ponte de comunicação entre ela e o mundo. Desse modo, ocupa uma função de aprendizado. Ele é um instrumento de comunicação.

O brinquedo pode servir como uma metamorfose e uma radiografia da realidade interna e externa da criança. Ela não o vê como ele é, mas lhe confere novas representações e significados.

Para Gilles Brougère[32], o brinquedo é marcado pelo domínio do valor simbólico sobre a função, ou seja, a dimensão simbólica torna-se, nele, a função principal. Esse domínio da imagem aproxima-o da obra de arte e nos indica a grande riqueza simbólica da qual ele dá testemunho.

Uma das grandes descobertas da Psicanálise, em 1920[33], foi a da *pulsão de morte*, um movimento diferente da *pulsão de vida*. Um conjunto de forças destrutivas, como Thanatos, ao contrário de Eros, associado à pulsão de vida. Freud chegou a ela por meio da compulsão à repetição, de ações que são repetidas. Ao observar uma criança que brincava, Freud viu que ela deixava o brinquedo cair diversas vezes e que era importante retomar a brincadeira. Uma repetição que era necessária para a criança; repetia-se, repetia-se até elaborar. Aliás, a repetição é necessária também para os adultos. Na repetição, podemos encontrar as soluções e facilitar as elaborações das nossas dificuldades.

[32] BROUGÈRE, G. op. cit, 2004. p. 11

[33] FREUD, S. "Além do princípio do prazer", 1920, *IN Obra psicológica completa de Sigmund Freud.* v. XVIII. Rio de Janeiro: Imago, 1989. p. 25-29.

O brinquedo na psicanálise

A obra de Freud, editada em 24 volumes em português, traz os artigos, ensaios e formulações escritas por ele de acordo com a edição Standard, editada em inglês. A evolução das teorias e a apresentação dos conceitos encontram-se distribuídos, de forma cronológica, ao longo dos 24 volumes, porém, sem uma organização temática linear.

Para o estudo sobre a Psicanálise do brinquedo na literatura para crianças, encontrei subsídios em diferentes trabalhos de Freud aqui comentados. O primeiro deles "Além do princípio do prazer"[34], de 1920, mostra as observações do Freud sobre uma criança que brincava de enrolar e desenrolar um cordão num carretel. Esse estudo traz, entre outras, considerações do criador da Psicanálise sobre o motivo econômico, o da produção de prazer, envolvido na brincadeira do menino.

Encontramos uma análise do movimento do ato de repetição, que fez Freud chegar à *pulsão de morte*. Podemos considerar o estudo do sonho como o método mais seguro para investigar os processos psíquicos profundos de um sujeito. Os sonhos provenientes de neuroses traumáticas, de passagens da infância, se caracterizam por levar repetidamente o sujeito de volta à situação do acidente, que pode lhe trazer

[34] FREUD, S. op. cit., 1989.

susto e medo. E tudo se repete pelas vias do inconsciente, no caso, os sonhos. Também podemos considerar as criações artísticas, como a literatura, por exemplo, como um material expressivo dos processos psíquicos de um sujeito.

Por sua vez, uma brincadeira inventada por aquela criança de um ano e meio, observada por Freud durante quatro semanas, estava relacionada com a grande realização cultural da criança: a renúncia à satisfação da pulsão que fez ao permitir, sem protestos, que a mãe se afastasse. A criança, na ausência da mãe, brincava e não reclamava do afastamento da mãe. No começo, a criança estava numa situação de passividade, depois com a repetição, por mais desagradável que parecesse a brincadeira, a criança passava a ter voz ativa nela. O menino brincava com um carretel e um cordão. Enrolava o cordão e soltava-o do carretel, pronunciando umas palavras: *"fort!" "da!"* ("embora!" "ali!"), e depois o enrolava e soltava-o de novo, como numa brincadeira de pião.

Aquela era uma brincadeira completa, que lidava com o desaparecimento e com o retorno do objeto, segundo os estudos de Freud. A criança poderia ter brincado de forma diferente com aquele carretel e cordão, como se fosse um carrinho de puxar. O que queriam dizer as palavras pronunciadas e o movimento contínuo da brincadeira? Em primeiro lugar, o menino aceitava a saída da mãe, o afastamento dela. Em segundo lugar, ele se vingava da mãe, com as palavras: "vá embora!" E, por fim, entendemos a brincadeira como uma produção de prazer, na verdade as crianças repetem nas brincadeiras tudo que lhes provocou uma grande impressão na vida real. Ao manipular um brinquedo e brincar, uma criança pode lidar com o seu processo de elaboração, de coisas ou sentimentos estranhos. Mexer com um brinquedo é um ato de criação para a criança.

Não é necessário pressupor a existência de uma pulsão imitativa especial para dar um motivo à brincadeira. Mesmo sob o domínio do princípio do prazer, há meios e modos suficientes de tornar algo que é em si desagradável num tema a ser acolhido e trabalhado pela psique. Ao repetir o ato de enrolar o cordão e atirar o carretel no chão, aquele menino mostrava seus recursos de compreender o afastamento da mãe. Sabia que a mãe ia voltar, pois ele também enrolava o cordão de novo. O carretel ia e vinha. Como a mãe, que ia e voltava. Essa compulsão à repetição permitiu o reconhecimento de uma outra pulsão. A partir disso, Freud desenvolveu uma compreensão para o masoquismo, para as forças destrutivas que temos e introduziu o conceito de *pulsão de morte*. Essas descobertas e estudos aconteceram em decorrência de sua observação daquela brincadeira repetida da criança.

Uma criança expressa seu desejo de ser como o adulto, seu desejo de crescer, ao representar e imitar. O adulto é um espelho ampliado para a criança. Quando ela sai da passividade de uma experiência para a atividade do jogo, ela transfere o desagradável para um de seus companheiros de brincadeira, por isso há o desprazer e o prazer. Ao enrolar e desenrolar o cordão na brincadeira, o menino imitava o movimento de saída e retorno da mãe.

Para a criança, o ato de brincar faz parte de sua condição de ser. E é na repetição e na imitação que ela adquire recursos para dissolver medos, ansiedades e ameaças. O adulto também tem seus "brinquedos" simbolicamente traduzidos nas expressões artísticas, como a literatura. Com a leitura, permitimos que muitos dos nossos conflitos ganhem espaço para reflexão. Brincar, ler e repetir formam pontes para a subjetividade e para a sociedade. A literatura é uma ponte que pode conduzir ao saber, à formação, à informação.

Sobre o psiquismo da criança em Freud, há o importante trabalho de 1919: "Uma criança é espancada: uma contribuição para o estudo da origem das perversões sexuais"[35]. Freud se debruça sobre uma fantasia de espancamento que muitos dos pacientes traziam consigo. Como entre os 2 e 4 anos de idade, os fatores libidinais congênitos começam a serem despertados, as fantasias de espancamento surgem ao final desse período.

De acordo com Freud[36], em 1905, observamos que o jogo é considerado o primeiro estágio da psicogênese dos chistes. As práticas lúdicas infantis que o distinguem consistem na repetição prazerosa dos primeiros fonemas e das palavras aprendidas e na articulação de palavras semelhantes referindo-as a um sentido comum, o que caracteriza o uso das "palavras como coisas" pela criança, do que riem os adultos. O gracejo, o segundo estágio da psicogênese dos chistes, é uma forma elaborada de jogo que tem sucesso em driblar a proibição. Desse modo, as funções exclusivas dos jogos e dos gracejos podem ser a produção de prazer e o brincar para os pequenos.

Há um prazer preliminar presente no jogo infantil, que é uma modalidade de prazer anterior a qualquer tipo de economia referente ao trabalho das instâncias de censura e recalcamento, ainda não constituídas. Pode-se dizer que a atividade psíquica do adulto, uma vez submetida aos processos secun-

35 FREUD, S. "Uma criança é espancada: uma contribuição para o estudo da origem das perversões sexuais", 1919, IN *Obra Psicológica Completa de Sigmund Freud.* v. XVII. Rio de Janeiro: Imago, 1989.

36 FREUD, S. "Chistes e sua relação com o inconsciente", 1905, *IN Obra Psicológica Completa de Sigmund Freud.* v. VIII. Rio de Janeiro: Imago, 1989

dários regulados pelo princípio de realidade e, também, ao recalcamento, teria perdido a possibilidade comum de experimentar o prazer. O chiste, o cômico e o humor objetivam o restabelecimento desse prazer, a saber, resgatar a euforia e a alegria que caracterizam a infância. Salientamos aqui que um texto triste pode mascarar o riso. A consciência da realidade faz o riso ocultar a dor. No texto do adulto, o riso mascara a dor; em relação à criança, costuma haver o riso pelo riso.

Em um trabalho de 1907 sobre a literatura criativa, Freud[37] se debruça sobre uma investigação das fantasias. Estabelece uma relação entre a criança ao brincar e o escritor ao criar seu mundo de fantasia. Para Freud, o escritor criativo faz o mesmo que a criança quando ela manipula um brinquedo. Ele investe uma grande quantidade de afeto, mantém uma separação entre a realidade e a fantasia. A responsável pela preservação dessa aproximação entre a brincadeira da criança e a criação poética é a linguagem.

Quando a criança cresce e pára de brincar, ela se abdica do elo com os objetos reais. Em vez de brincar, a pessoa fantasia; produz devaneios. Há uma troca, uma substituição de uma coisa por outra: do brincar para o fantasiar. O brinquedo conserva em si essa dupla possibilidade: de servir às crianças para brincar e aos adultos para fantasiar.

Dos autores da Psicanálise pós-freudianos que se dedicaram ao estudo do psiquismo da criança e, em especial, do brinquedo, destaca-se Donald Woods Winnicott (1895-1971), que desenvolveu uma minuciosa pesquisa teórica e clínica sobre uma área intermediária que há entre a realidade interna e a realidade externa da criança. Ao utilizar essa área para o seu relacionamento com o mundo, a criança pode passar pelos objetos transicionais, depois pelos brinquedos e brincadeiras, que marcam definitivamente sua constituição como sujeito. Para ele[38]:

"Essa área intermediária de experiência, incontestada quanto a pertencer à realidade interna ou externa (compartilhada), constitui a parte maior da experiência do bebê e, através da vida, é conservada na experimentação intensa que diz respeito às artes, à religião, ao viver imaginativo e ao trabalho científico criador."

---

[37] Trabalho apresentado em 1907, em Viena: FREUD, S. "Escritores criativos e devaneios" *IN Obra Psicológica Completa de Sigmund Freud.* v. IX. Rio de Janeiro: Imago, 1989. p. 145-158.

[38] WINNICOTT, D. W. *O brincar e a realidade.* Rio de Janeiro: Imago, 1975. p. 30.

Ao estudar os estádios primitivos da relação de objeto e da formação de símbolos, Winnicott[39] toma exemplos de duas manifestações diferentes, como o uso que os bebês fazem do punho, dos dedos e dos polegares em estimulação da zona erógena oral e como os bebês passam a gostar de brincar de bonecos, estimulados pelas mães. Ele vai estabelecer uma relação entre esses dois conjuntos de fenômenos que estão separados por um intervalo de tempo, porém são elucidativos para a compreensão dos chamados fenômenos transicionais (pensar ou fantasiar) e dos objetos transicionais (uma bola de lã, a ponta de um cobertor, um maneirismo, uma palavra, uma cantiga, um manto rasgado):

[39] WINNICOTT, D. W. op. cit., 1975. p. 30.

"Os objetos transicionais e os fenômenos transicionais pertencem ao domínio da ilusão que está na base do início da experiência. Esse primeiro estádio do desenvolvimento é tornado possível pela capacidade especial, por parte da mãe, de efetuar adaptações às necessidades de seu bebê, permitindo-lhe assim a ilusão de que aquilo que ele cria existe realmente."

Na verdade, não é o objeto que é transicional. Ele representa a transição do bebê de um estado em que este está fundido com a mãe para um estado em que está em relação com ela como algo externo e separado. O fenômeno transicional não é esquecido nem é pranteado, ele perde o significado ao longo do desenvolvimento infantil. Os fenômenos se tornam difusos, espalham-se por todo o território intermediário entre "a realidade psíquica interna" e "o mundo externo, como visto por duas pessoas em comum", isto é, por todo o campo cultural.

Assim, este tema pode-se ampliar para o do brincar, da criatividade e apreciação artísticas, do sentimento religioso, do sonhar, do fetiche, do mentir, do furtar, a origem e perda do sentimento afetuoso, o vício em drogas. Em meu estudo, interessa-me o brincar da criança como um espaço possível, em que a criança faz sua transição de um momento ainda simbiótico com a mãe para um momento de busca de autonomia e da prática de si.

É interessante notar como Winnicott, de uma maneira despojada e singular, constrói uma teoria sobre o brincar da criança e o do adulto; ele apresenta casos clínicos para ilustrar sua teoria e mostra sua técnica de atendimento clínico. O estudioso faz um exercício de revolver o brincar, de virar a brincadeira ao avesso. Se a criança não brinca, o analista deveria criar condições para a criança fazê-lo; o que serviria também para uma análise de adulto quando o analisando não fala, fazendo com que forçosamente o analista leve-o para um estado de verbalizar os afetos. Nas palavras de Winnicott[40]:

[40] WINNICOTT, D. W. op. cit., 1975. p. 59.

"A psicoterapia se efetua na sobreposição de duas áreas do brincar, a do paciente e a do terapeuta. A psicoterapia trata de duas pessoas que brincam juntas. Em conseqüência, onde o brincar não é possível, o trabalho efetuado pelo terapeuta é dirigido então no sentido de trazer o paciente de um estado em que não é capaz de brincar para um estado em que o é."

[41] WINNICOTT, D. W. op. cit., 1975. p. 63

E mais adiante[41]:

"Em outros termos, é a brincadeira que é universal e que é própria da saúde: o brincar facilita o crescimento e, portanto, a saúde; o brincar conduz aos relacionamentos grupais; o brincar pode ser uma forma de comunicação na psicoterapia; finalmente, a Psicanálise foi desenvolvida como forma altamente especializada do brincar, a serviço da comunicação consigo mesmo e com os outros. O natural é o brincar, e o fenômeno altamente aperfeiçoado do século XX é a Psicanálise. Para o analista, não deixa de ser valioso que se lhe recorde constantemente não apenas aquilo que é devido a Freud, mas também o que devemos à coisa natural e universal que se chama brincar."

Na sua teoria da brincadeira, Winnicott descreve uma seqüência de relacionamentos sobre o processo de desenvolvimento e conclui que o brincar implica confiança e pertence ao espaço potencial existente entre (o que era em princípio) bebê e figura materna, com o bebê num estado de dependência quase absoluta e a função adaptativa da figura materna tida como certa pelo bebê. A confiança na mãe cria o que Winnicott chama de "playground intermediário", no qual surge uma idéia de magia, sabendo que o bebê experimenta uma onipotência. O playgroung é, assim, um espaço potencial entre a mãe e o bebê, ou que une a mãe e o bebê, no qual surge a brincadeira nasce e a idéia de magia se origina.

Para Winnicott, o ser humano resulta do encontro de um potencial inato qualquer com a cultura. Nesse encontro, cada sujeito processa sua singularidade e torna-se uma entidade viva e real. Podemos conhecer a singularidade de uma pessoa na observação de suas manifestações num certo meio cultural.

Em outros estudos[42], Winnicott associa o brinquedo à capacidade de estar só, em um artigo de 1958, e à capacidade de zelar pelo outro, em um artigo de 1963. Para ele, a capacidade de ficar só é um paradoxo: a capacidade de ficar só quando mais alguém está presente. Caracterizado como um fenômeno altamente sofisticado, "estar só" seria uma decorrência do "eu sou". Com isso, ele mostra como é importante que haja alguém disponível, alguém presente, para que a criança se sinta segura e descubra sua vida pessoal própria:

> **"Maturidade e capacidade de ficar só significam que o indivíduo teve oportunidade através de maternidade suficientemente boa de construir uma crença num ambiente benigno. Essa crença se constrói através da repetição de gratificações instintivas satisfatórias."**

Mais adiante, Winnicott[43] questiona sobre o brinquedo:

> **"Poderia se perguntar: quando uma criança está brincando, é o brinquedo todo uma sublimação do impulso do**

[42] WINNICOTT, D. W. *O ambiente e os processos de maturação: estudos sobre a teoria do desenvolvimento emocional.* Porto Alegre: ARTMED, 1983. p. 34.

[43] WINNICOTT, D. W. op. cit., 1975. p. 36.

ego ou do id? Poderia haver alguma utilidade em pensar que há uma diferença de qualidade bem como de quantidade de id quando se compara o brinquedo que é satisfatório com o instinto cruamente subjacente a este? O conceito de sublimação é universalmente aceito e tem grande valor, mas seria uma pena omitir a referência à grande diferença que existe entre um brinquedo feliz de criança e o brinquedo de crianças que ficam compulsivamente excitadas e que podem ser vistas bem próximas de uma experiência instintiva."

Como não estou tratando aqui de situações clínicas, mas de uma análise literária, interessa-me ver o brinquedo como um símbolo para a criança, e que o brinquedo presente nas obras para crianças traga-lhes experiências gratificantes.

A capacidade de zelar pelo outro faz parte do relacionamento entre duas pessoas, o lactente e a mãe ou o substituto dela. O zelo pelo outro surge na vida do bebê como uma experiência bastante sofisticada, quando se unem na psique do lactente a mãe-objeto e a mãe-ambiente. Ao tornar-se capaz de zelar pelo outro, o lactente assume a responsabilidade por seus próprios impulsos instintivos e as funções que fazem parte dele. Para Winnicott, isso provê um dos elementos construtivos fundamentais do brinquedo e do trabalho. Uma especificidade da criança é que ela está entrando no campo do simbólico e para evitar confusão traumática que dificultaria tal aquisição, a existência de um espaço de transição, proposto por Winnicott, na relação criança–mãe, traz a capacidade autônoma da criança, a possibilidade de criação.

Conhecemos, por Freud, o fenômeno da transferência, entendido como a reedição de certos afetos depositados em outra pessoa ou coisa; o processo pelo qual os desejos inconscientes se atualizam sobre determinados objetos no quadro de um certo tipo de relação estabelecida com eles e no quadro da relação analítica. É o terreno em que se joga a problemática de um tratamento psicanalítico. A sua instalação, as suas modalidades, a sua interpretação e sua resolução caracterizam o processo analítico. Poderíamos tomar o brinquedo como um objeto da transferência, para a criança e para o adulto, como depositário de afetos que são revividos.

A sublimação, outro processo postulado por Freud, serve para entendermos as atividades humanas sem qualquer relação aparente com a sexualidade, mas que encontrariam o seu elemento propulsor na força da pulsão sexual, como, por exemplo, as criações artísticas e a produção intelectual. Então, o termo sublime é introduzido por Freud como produção artística de grandeza, de elevação. E a sublimação, como o deslocamento de uma representação, de um afeto, para outra coisa. Ao criar um brinquedo, um adulto pode executar uma atividade sublimatória; ao passo que ao manipulá-lo, a criança também pode desenvolver a atividade sublimatória de criação de fantasias, de criação de si.

O adulto inventa, a criança reinventa: Duas línguas no mesmo brinquedo

[44] FERENCZI, S. "Confusão de língua entre os adultos e as crianças" IN Escritos psicanalíticos – 1909-1933. Rio de Janeiro: Taurus, 1988. p. 347-356.

Ao propor a discussão de objetos ou representações, o livro infantil e o brinquedo, que são criados e concebidos pelo adulto para a infância, podemos nos deparar com uma certa confusão de pontos de vista, o do adulto e o da criança, que merece atenção. Estamos diante de um objeto de estudo, o brinquedo, que é inventado pelo adulto e reinventado pela criança quando ela o manuseia e se apropria dele.

Em "Confusão de língua entre os adultos e as crianças – a linguagem da ternura e da paixão"[44], um trabalho de 1933 do psicanalista húngaro Sàndor Ferenczi (1873-1933), contemporâneo de Freud, podemos nos deparar com as diferenças de afetos e de escutas entre uma criança e um adulto.

Ferenczi abordou na sua reflexão o que há de terno no erotismo infantil e, em contrapartida, o que há de apaixonado no erotismo adulto. De um modo corajoso, ele sugere que o analista deve aprender a ver, a partir das associações dos analisandos, as coisas desagradáveis do passado. E também deve se obrigar a perceber as críticas recalcadas ou reprimidas dirigidas aos pacientes, ou seja, deve olhar para si. Ao falar de uma suposta hipocrisia profissional, Ferenczi aponta a existência de uma falta de sinceridade, algo não formulado na relação analista/analisando, o que desata a língua do paciente. Essa relação íntima com o analisando levou-o a pensar sobre as seduções incestuosas entre adultos e crianças:

"As seduções incestuosas produzem-se habitualmente assim: um adulto e uma criança se amam; a criança tem fantasmas lúdicos, como manter um papel maternal em relação ao adulto. Este jogo pode tomar uma forma erótica, mas permanece sempre ao nível da ternura. Não acontece a mesma coisa com os adultos, que têm predisposições psicopatológicas..."

Os adultos, muitas vezes, confundem as brincadeiras das crianças com os desejos de uma pessoa que já atingiu a maturidade sexual, e se deixam levar a atos sexuais sem pensar nas conseqüências. Verdadeiras violações de meninas, recémsaídas da primeira infância, relações sexuais entre mulheres maduras e meninos, assim como atos sexuais impostos, de caráter homossexual, são freqüentes.

Posso aplicar as considerações de Ferenczi às produções literárias feitas pelos adultos, destinadas às crianças; identificando, de um lado, o aspecto terno da criança e, de outro, o aspecto apaixonado/erotizado do adulto. Os livros criados e produzidos pelos adultos atendem à fantasia da criança? Ou seriam criações marcadas pela libido adulta, caracterizadas por um mundo de regras, por uma experiência de quem já atravessou a infância? Ou seriam obras marcadas pelo ponto de vista da criança que habita o adulto?

É possível dizer que os livros destinados às crianças, cujo caráter é moralista e didático, são produtos de um ponto de vista adulto, equivocado. Caracterizam uma produção feita para a criança ser/fazer como um adulto. Mostram, claramente, um objetivo de ensino, e exemplificam o que Ferenczi chama de linguagem da paixão.

Como estou analisando produções culturais para crianças feitas por adultos (brinquedo e literatura), não posso deixar de considerar o brinquedo como o ponto de encontro de duas subjetividades: a do adulto e a da criança. O adulto inventa e a criança reinventa, toma posse, se identifica com o brinquedo. Devemos considerar certa confusão ou equívoco que pode existir nesse objeto produzido. O adulto cria, a partir de sua trajetória, dos seus conhecimentos e do lugar de quem possui uma psique formada. Já a criança, com a psique em desenvolvimento, está no lugar de quem recebe e precisa se apropriar, transformar o objeto em algo dela. E deve-se atentar à linguagem da criança.

[45] FERENCZI, S. "A adaptação da família à criança" IN Obras completas. Psicanálise IV. São Paulo: Martins Fontes,1992. p.1-13

[46] Artigo apresentado, em Londres, em 1927, na Sociedade Britânica de Psicologia: FERENCZI, S. op. cit., 1992

Em um outro texto de Ferenczi[45], "A adaptação da família à criança", ele insiste que só pode acontecer uma adaptação da família à criança, se os pais começam a compreender melhor eles próprios, ao adquirirem uma certa representação da vida psíquica dos adultos, sem esquecer a sua própria infância. Para Ferenczi, o maior erro dos pais é o esquecimento de sua própria infância.

O ambiente que vai receber uma criança deve ser preparado e adaptado às necessidades da criança e não o contrário. Da minha parte, vejo os livros para crianças de um modo análogo a essa adaptação sugerida por Ferenczi. Ou seja, como o olhar de um adulto sobre a infância. O livro para crianças deve trazer, em si, o que há de mais característico da infância: a ludicidade. Não deveria existir um esforço da criança para "adaptar-se" a um livro destinado a ela. O livro de literatura infantil deveria guardar, nele próprio, o olhar da criança sobre o mundo, a infância.

Ao final do artigo, Ferenczi[46] responde a questões que lhe foram feitas, na ocasião em que expôs o presente estudo; destaco uma delas bastante interessante:

"Quanto a saber como traduzir os símbolos para as crianças, direi que, em geral, as crianças têm mais a nos ensinar nesse domínio do que o inverso. Os símbolos são a própria língua das crianças, não temos que ensinar-lhes como se servirem dela."

No que diz respeito a um livro para crianças, compreendo que não carece que um adulto explique para a criança o conteúdo e o aspecto gráfico de uma obra infantil. A obra pode conter, nela mesma, símbolos e metáforas que atendam ao universo imaginário da criança. A obra pode trazer a linguagem da ternura, comprometida com o ponto de vista da criança, deleitando-a e facilitando a sua subjetivação.

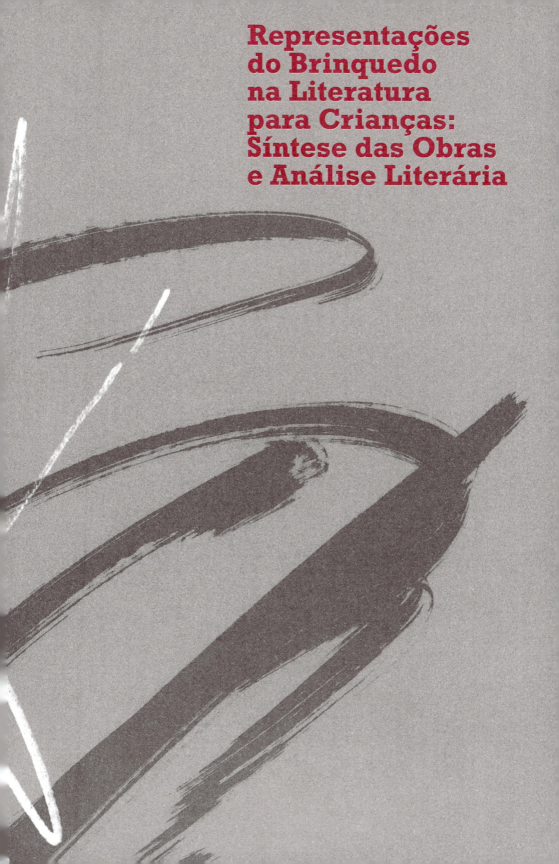

Representações do Brinquedo na Literatura para Crianças: Síntese das Obras e Análise Literária

Pesquisei obras da literatura para crianças que trouxessem elementos como brinquedos, representados direta ou simbolicamente no texto e/ou nas ilustrações. Optei por trabalhar, primeiramente, dois contos do século XIX: **"O soldadinho de chumbo"**, de Hans Christian Andersen, e ***Conto de escola*** de Machado de Assis, quando as concepções sobre a infância, a literatura para crianças e o brinquedo eram bem diferentes das aplicadas no século XX e XXI. No caso da literatura, ainda não existia uma produção específica para o público infantil, principalmente no que se refere ao Brasil; o mesmo se sucedeu com os brinquedos, que eram mais objetos de adornos e das coleções dos adultos. Quanto à criança, ela ocupava um lugar de submissão ao mundo do adulto, sem espaço para o diálogo, nem interlocução com seus pares. Enfatizamos que a literatura denominada hoje para crianças teve seu início no século XIX, com Hans Christian Andersen. Por essa razão, escolhi obras do referido século.

Em seguida, passo a uma análise das obras dos séculos XX e XXI em que o brinquedo está presente, divididas em quatro partes: **narrativas curtas nacionais, narrativas curtas traduzidas, narrativas sem texto verbal** e **poemas**. Tal divisão justifica-se pela variedade de categorias de obras que têm sido publicadas para crianças na contemporaneidade e para que tenhamos uma análise representativa de obras nacionais e traduzidas e de prosa e poesia, por exemplo. Dessa maneira, podemos, mais adiante, estabelecer algumas linhas de reflexão: prosa x poesia, produção nacional x traduções, narrativas com texto x narrativa sem texto verbal.

Excepcionalmente, trabalho a obra **Indez**, de Bartolomeu Campos de Queirós, narrativa em prosa poética, dividida em capítulos, sem ilustrações. Farei a leitura de algumas partes em que verificamos o brinquedo presente no universo rural do personagem principal.

Não tratarei de obras clássicas que trazem brinquedos, também clássicos, como a boneca Emília, de Monteiro Lobato e o boneco Pinóquio, de Collodi, que demandariam uma pesquisa exclusiva e extensa, a que não me dedico aqui. Também não estudei as narrativas da escritora mineira Alaíde Lisboa: *A bonequinha preta* e *O bonequinho doce*. É do meu conhecimento autores como Cecília Meireles, Manuel Bandeira e Henriqueta Lisboa, que possuem poemas dedicados aos brinquedos, que não estão aqui analisados. Preferi a análise de um conjunto de obras curtas e personagens dos séculos XIX, XX e XXI, sem pretender, no entanto, uma análise totalizante de cada expressão literária. Pretendo conhecer um conjunto de representações do brinquedo e estabelecer associações e comparações entre as obras. Meu olhar está dirigido à presença do brinquedo nas narrativas e nos poemas e, principalmente, à literatura como brinquedo.

Obras do Século XIX

1.1 *O Soldadinho de Chumbo*, de Hans Christian Andersen

1

Este conto, do dinamarquês Hans Christian Andersen (1805-1875) [47], considerado o pai da literatura infantil no mundo, nos coloca diante de um brinquedo que se tornou imortalizado entre as crianças: um soldadinho de chumbo, na função de personagem principal. E ainda nos traz o castelo de papel, a bailarina e outros brinquedos do universo das crianças.

É a história de um boneco que vem na caixa de brinquedos só com uma perna e passa a admirar uma bailarina, em posição que não aparece uma das pernas dela. Assim, o soldado começa a olhá-la com admiração, a desejá-la. Mas o destino vai ser bastante cruel com o personagem, leva-o a ser jogado pela janela, a ser colocado em um barco de papel pelo bueiro, a cair na barriga de um peixe e a voltar para a mesma casa aonde chegara como soldado. Ao final, ele é atirado nas chamas da lareira e, no dia seguinte, no seu lugar, havia uma bolinha de chumbo em forma de coração.

Se, por um lado, a história está atravessada pela dualidade vida/morte, nas experiências vividas pelo boneco; por outro lado, traz a possibilidade de recriação, de mudança; uma plástica para a condição do brinquedo, para a transformação dos conflitos das crianças. O boneco é um brinquedo dinâmico, que pode passar por mudanças.

[47] ANDERSEN, H. C. *Contos de Andersen*. São Paulo: Paz e Terra, 2004. p. 152-157

O soldadinho vem de alguma coisa já velha e morta, um cano velho que é transformado em 25 bonecos. Ou seja, desde que nasceu como brinquedo, a morte estava presente na vida dele. Nasceu para lutar contra a morte. Sobre a pulsão de morte na Psicanálise, lembramos que foi uma descoberta de 1920, apresentada por Freud no texto "Além do princípio do prazer"[48] , já comentado neste trabalho. A pulsão de morte, que é irrepresentável, costuma estar associada a Thanatos; enquanto a pulsão de vida está associada a Eros.

Retomo a história de Andersen: o soldado passa por privações e humilhações. Gosta da bailarina "de uma perna só", mas ela não lhe corresponde. Da chuva, ao bueiro e ao canal, ele convive novamente com a morte ao ouvir o verso ameaçador: "vai, guerreiro valoroso/ vais de encontro à morte...", ao ser devorado pelo peixe que é cortado pela empregada, para, ao final, ser atirado ao fogo, sem nenhum motivo.

Destaco, agora, alguns fragmentos que podem nos apontar uma linha de análise[49] : "eram 25 irmãos do mesmo pedaço de cano velho"; "um tinha só uma perna"; "no meio dos brinquedos, o soldado seleciona o castelo de papel, a moça bailarina só com uma perna"; "o soldado é atirado de cabeça para baixo do terceiro andar"; "dois garotos de rua o colocam no barco de papel para a sarjeta"; "há um rato de esgoto que lhe pede um passaporte"; "do bueiro cai no canal"; "vai, guerreiro valoroso/ vais de encontro à morte...", "afunda, é engolido por um peixe, que é fisgado e vendido no mercado"; "a criada da mesma casa o descobre, na mesma sala com as mesmas crianças, os mesmos brinquedos"; "ao ver a bailarina, se comove com lágrimas de chumbo"; "é atirado à lareira, sem motivo"; "sente calor horrível: do fogo propriamente dito ou do fogo do amor?"; "perdeu cores, vê a bailarina, manteve o fuzil ao ombro"; "a bailarina voa como uma sílfide para a lareira"; "uma bolinha de chumbo, em forma de coração/ uma lantejoula queimada, preta como carvão".

Esses fragmentos nos mostram a trajetória cruel, de adversidades, vivida pelo personagem principal. O soldadinho se vê em situação de risco, sem uma perna, sozinho, desde o início de sua existência. Em seguida, passa por privações, humilhações, como um herói, sem, contudo, se salvar. Seu destino é trágico e triste.

De um certo ponto de vista, o conto nos fala de mudanças, metamorfoses, da transição entre a vida e a morte. Tudo começa com um pedaço de cano velho para se transformar em bolinha de chumbo, que pode ser um outro brinquedo de criança. Se um brinquedo para crianças tem uma possibilidade de mudanças, de

[48] *FREUD, S. op. cit., 1989*

[49] Para esta análise, utilizo a tradução feita diretamente do dinamarquês, na edição para adultos: *Contos de Andersen*, 2004. p.152-157, que se caracteriza como uma obra volumosa, de raros desenhos e letra pequena, sem um projeto gráfico voltado ao público infantil.

ser algo pequeno, algo grande, aqui, no conto, o soldadinho é fruto de uma transformação e se reestrutura ao longo da narrativa.

A fantasia é um importantíssimo elemento presente no conto. Desde que sai da caixa, o soldadinho passa a fantasiar um mundo possível para sua condição de deficiência/falta. Em relação à fantasia, Freud nos diz:

"Tudo remonta à reprodução de cenas (do passado). A algumas pode chegar-se diretamente, e a outras, por meio de fantasias que se erguem à frente delas. As fantasias provêm de coisas que foram ouvidas, mas só posteriormente entendidas, e todo o material delas, é claro, é verdadeiro. São estruturas protetoras, sublimações dos fatos, embelezamentos deles e, ao mesmo tempo, servem para o alívio pessoal. [...] O objetivo parece ser o de alcançar as cenas (sexuais) mais primitivas."

(Carta a Fliess de 1897 e Rascunho N, anexo)[50]

[50] MASSON, J. M. *A correspondência completa de Sigmund Freud a Wilhelm Fliess – 1887-1904.* Rio de Janeiro: Imago, 1987. p. 251.

[51] FREUD, S. "O mal estar na civilização", 1930, IN *Obra Psicológica Completa de Sigmund Freud,* v. XXI. Rio de Janeiro: Imago, 1989. p. 32-34.

Nos moldes dos brinquedos antigos, o principal brinquedo da história, como desenvolvi no capítulo sobre a história do brinquedo ("um elemento discreto, minúsculo e sonhador"), é feito de chumbo, uma miniatura de um soldado adulto. Este está ilustrado, em preto e branco, juntamente com outros brinquedos, na página 152. E na página 157 há a bailarina em passo de dança. São desenhos feitos a bico-de-pena, sem ocupar muito espaço nas páginas, que caracterizam essa edição da obra dirigida ao público adulto, pelo volume dos textos e poucas imagens.

Outro aspecto que notei no conto é a repetição, importante para se entender os conflitos, nas situações vividas pelo soldado. Ele volta à mesma casa, com a mesma criada, as mesmas crianças e brinquedos e a mesma falta na perna. É notável a repetição do sofrimento. Veja o que nos diz Freud[51]:

> "[...] quais são os propósitos e os objetivos vitais traídos pela conduta dos homens, o que pedem à vida e para onde tendem? Não há perigo de errar respondendo: tendem para a felicidade; os homens querem ser felizes e continuar a sê-lo. [...] O sofrimento ameaça-nos de três lados: no nosso próprio corpo que, destinado à decadência e à dissolução, não pode evitar esses sinais de alarme que são a dor e a angústia; do lado do mundo exterior, que dispõe de forças invencíveis e inexoráveis para se virar contra nós e aniquilar-nos; a terceira ameaça provém das nossas relações com os outros seres humanos. O sofrimento saído desta fonte é–nos mais duro, talvez, que qualquer outro [...] o sofrimento de origem social. Recusamos obstinadamente a admiti-lo, não conseguimos perceber por que é que as instituições de que somos os autores não nos dispensariam a todos proteção e benefícios."

O soldadinho do conto padecia dos três sofrimentos apresentados por Freud, oriundos de diferentes lugares: do próprio corpo, do mundo exterior e das relações com os outros. A repetição de situações dolorosas pode ser a lembrança da nossa condição humana e vulnerabilidade. O boneco, naturalmente, é uma mera representação dos humanos. Ele é um símbolo. O soldadinho é humanizado e apresenta um caráter simbólico e metafórico.

Notamos como num conto do século XIX, antes mesmo da criação da Psicanálise e das mudanças nas concepções de infância, brinquedo e literatura para crianças, o boneco se faz presente na história e pode representar uma gama de afetos para a criança: as perdas, as mudanças, a paixão, o que facilita uma possível transferência de sentimentos bons e ruins da criança para o personagem.

Não posso deixar de observar que Andersen transmite valores no conto, pois, na história, um homem que ama sofre e vê esse amor redimido pelo fogo. São valores cristãos, alcançados pelo sofrimento, como uma maneira de conquistar a felicidade dos céus.

Conto de Escola, de Machado de Assis

1.2 Conto de Escola, de Machado de Assis

Machado de Assis (1839 – 1908) não produziu histórias para crianças, nem é considerado um escritor de literatura infantil. No entanto, alguns de seus contos têm sido publicados pelo mercado editorial de literatura para crianças e jovens, com ilustrações e projeto gráfico para o referido público.

Há muitos escritos de Machado que falam da infância, contudo não é possível comprovar que sejam referências pessoais, particulares. Contos como "Conto de Escola" e "Umas férias" são utilizados pelos estudiosos como referências para a construção da biografia de Machado de Assis, embora sem comprovação documental, são textos sobre situações semelhantes aos costumes de famílias daquele tempo. De todo modo, foi um conto escrito para o leitor de sua época, que, certamente, não era um leitor criança.

Com o aperfeiçoamento dos projetos editoriais de livros infantis brasileiros, alguns editores têm investido em obras consagradas e clássicas ao publicá-las com uma identidade voltada ao público de crianças: ilustrações, projeto gráfico, biografia do escritor e tratamento plástico de livro para crianças. Foi o que aconteceu com *Conto de escola*, que está presente em duas diferentes edições ilustradas para crianças, uma da Editora Dimensão e outra, mais recente, da Editora Cosac Naify. Isso contraria as opiniões de alguns críticos que não concebem esse conto de Machado como uma obra para crianças.

Em *Conto de escola*, de Machado, com ilustrações de Nelson Cruz, da Editora Cosac Naify, temos a história do menino Pilar, de origem humilde, que preferiria não ir à escola naquele dia. Mas vai e se envolve em uma situação embaraçosa com um colega, Raimundo, o filho do mestre. Raimundo oferece a Pilar uma moeda em troca de uma lição de sintaxe. Os olhos de outro menino, o Curvelo, acompanham a barganha e a comunicação apreensiva dos dois. O temido mestre descobre o negócio e castiga os meninos com uma surra de palmatória. O desejo, o respeito, a dúvida, a satisfação e a dor se presentificam nos pensamentos do menino que nos dá uma lição de vida; de como lidar com a culpa. Desta vez, Machado penetra nos sentimentos dos personagens e nos mostra uma infância atravessada pelo castigo e punição. E nos mostra o que há de mais humano em nós: o convívio de forças internas ambíguas (Eros e Thatanos), como a coragem e a covardia.

No conto há, predominantemente, o olhar de um menino, que se sobrepõe ao olhar do adulto. Machado cria um narrador criança. É a voz da criança que fala, que interroga, que vê, que reclama, que mente. O olhar do adulto entra para reger as leis físicas — da escola, da casa e da rua — e as leis internas — da moral:

"Na verdade, o mestre fitava-nos. Como era mais severo para o filho, buscava-o muitas vezes com os olhos, para trazê-lo mais aperreado."[52]

O olhar da criança registra os fatos, as brincadeiras, os acontecimentos e os sentimentos:

"Relanceei os olhos pela sala, e dei com os do Curvelo em nós; disse ao Raimundo que esperasse. Pareceu-me que o outro nos observava, então dissimulei; mas daí a pouco deitei-lhe outra vez o olho, e – tanto se ilude a vontade! – não lhe vi mais nada. Então cobrei ânimo."[53]

[52] ASSIS, M. de. *Conto de escola.* Ilustrações Nelson Cruz. São Paulo: Cosac Naify, 2002. p. 13.

[53] ASSIS, M. de. op. cit., 2002. p. 17

A história nos prende pelo olhar que o narrador desenha: o olhar amedrontado dos meninos na sala de aula, frente ao mestre Policarpo, que conserva a ordem exigida; o olhar de um colega para o outro, que dialoga e negocia uma lição em troca de uma pratinha; o olhar do diabo representado pela palmatória: "E essa lá estava, pendurada, à direita, com os seus cinco olhos do diabo"[54]; o olhar vigilante de Curvelo, o delator; a moeda, objeto de desejo e de castigo, que funciona como um terceiro olho — o olhar do brinquedo — e o olhar da vergonha, de ter a cara no chão, quando o mestre decide castigá-los. A moeda ganha relevância maior quando atrai também o olhar do leitor que acompanha seu destino, inclusive no sonho de Pilar. Da coleção do avô de Raimundo, a moeda passa pelas mãos da mãe dele, pelas mãos e pelos bolsos de Raimundo, pelas mãos e bolsos de Pilar, vai para o joelho e, por fim, cai nas mãos de Policarpo, que a atira pela janela. E depois ela ressurge no sonho, onde tudo é possível.

[54] ASSIS, M. de. op. cit., 2002. p. 13

Aqui há uma referência na relação entre mundo adulto x mundo da criança, na formação social de um povo e sua manutenção cultural. De um lado, o mundo adulto é predominantemente masculino — governado por uma lei imposta. De outro lado, o mundo da criança é o mundo da submissão, em que a obediência é a única alternativa. Lembramos que Curvelo, o delator, não foi punido pelos colegas. As eventuais escapulidas da lei, como deixar de ir à escola para brincar na rua, são nomeadas pelo narrador como "ausência de virtude". Pilar, criança pequena, em determinadas passagens do conto, faz opções pelo lúdico, e se desvia da lei do mundo adulto, como, por exemplo, quando pensa em faltar à aula, quando aceita a moeda, quando segue os fuzileiros. Machado de Assis, engenhosamente, insere a dúvida na voz da criança, que se julga "sem virtude". Ora, esse comentário parece ser uma grande ironia do autor, pois é evidente que devemos esperar da criança justamente um comportamento lúdico.

De uma maneira bem sutil, Machado critica o mundo adulto pelo viés da criança. No mundo adulto tudo foi cumprido "corretamente". O autor questiona o mundo adulto na relação entre Curvelo (o mundo adulto na criança) e Pilar (o mundo da criança na criança). Policarpo é o juiz da regra do adulto. O virtuoso é Pilar, sendo criança age como criança: brinca, sonha, esconde...

Se a rua e o lúdico são uma conquista da desobediência, seguir a lei é submeter-se ao arbítrio do adulto, do pai, representante da lei e da ordem social e cultural. A "debandada" final do menino, que opta por seguir os fuzileiros, é a grande vingança do jovem, que insiste em transgredir a ordem arbitrária. O final é uma bela gargalhada da criança em relação a uma lei, contra a qual só pode se submeter, na presença (física) e transgredir na ausência (física) de Pilar ao perder aula e acompanhar o grupo de fuzileiros.

O conto mostra um menino atraído pela rua, entre o campo e o morro, para as coisas de fora, como o papagaio solto ao vento, visto através da janela, um brinquedo popular e antigo. Há a presença de elementos lúdicos, ao longo da história, que suavizam o castigo, a culpa e a dor do menino: um papagaio de papel, "uma coisa soberba", que representa a liberdade de quem não vai às aulas. Em segundo lugar, a moeda que Raimundo guardava como "relíquia ou brinquedo". Em terceiro lugar, vemos o sonho de Pilar com a moeda como o caminho da distração sem medo nem escrúpulos. No sonho, a moeda era dele, livre de ressentimentos. E, em último lugar, a atitude de Pilar marchando e cantarolando "Rato na casaca..." acompanhando os fuzileiros navais, mostra a opção pela brincadeira, embora fosse uma marcha militar. É a brincadeira de Pilar que quebra a forma e a rigidez do grupo, bem melhor o tambor que os ressentimentos. Repara-se o gesto peralta e lúdico do menino em contraste com o gesto formal dos fuzileiros. Conto de Escola nos traz as projeções das relações humanas na infância, como o contato com o jogo e o dinheiro.

Observamos como o corpo está presente na história. O corpo que passeia e perambula; o corpo que guarda e esconde a moeda. E o corpo que apanha e conserva as marcas da surra. Eu diria também que o corpo denuncia a educação formal e severa da época:

"Para cúmulo de desespero, vi através das vidraças da escola, no claro azul do céu, por cima do morro do Livramento, um papagaio de papel, alto e largo, preso de uma corda imensa, que bojava no ar, uma coisa soberba. E eu na escola, sentado, pernas unidas, com o livro de leitura e a gramática nos joelhos."[55]

[55] ASSIS, M. de. op. cit., 2002. p. 8-10.

Ao contrário do papagaio, livre e solto, o menino se sentia preso, quase em forma. A mesma forma militar do final do conto, da marcha dos fuzileiros, em contraste com as brincadeiras de Pilar, que acompanha os fuzileiros marchando e cantarolando, para apagar do corpo as marcas e dores da palmatória. E apagar dos pensamentos a culpa e a vergonha.

Como enfatizei anteriormente, tal conto não foi escrito para o público infantil, ainda no século XIX, momento em que a Psicanálise nem existia e quando as concepções sobre literatura para crianças começavam a ganhar corpo. O livro editado, como o analisei aqui, é um exemplo de um texto que foi apropriado pela literatura infantil, ou seja, houve um cuidado editorial que caracterizasse a obra para crianças: ilustrações e projeto editorial. Tal qual disse na página 48 deste trabalho: "Essa é uma tendência presente no mercado editorial; é o adulto quem decide o que é a literatura infantil, leia-se o autor, o editor, os críticos e especialistas da área, o professor, o bibliotecário, o educador, os pais. O acabamento final de um livro para crianças é da responsabilidade de um adulto. Por isso, é, principalmente, a apresentação gráfica de um livro que o distingue como um livro para crianças (...)".

As ilustrações de Nelson Cruz estão feitas em estilo bastante realista. Caracterizam a verticalidade das relações, adultos x crianças, as hierarquias, pelos diferentes tamanhos dos personagens. Reproduzem a paisagem histórica do Rio de Janeiro, em contraste com as cores vivas do papagaio de papel solto ao vento e à imaginação. Mostram a rigidez e a disciplina, respectivamente, do adulto e das crianças.

Merece destaque a ilustração que retrata o papagaio de papel solto ao vento: iluminada e alegre, ela traduz a ludicidade e a brincadeira. Em outras ilustrações, que retratam o mestre Policarpo, a sala de aula, o ilustrador carregou em cores fechadas e escuras, reproduziu a tensão, a disciplina e o medo. Morros, ladeiras e curvas são explorados por Nelson e trazem um efeito lúdico de surpresa. O que teria além de uma curva ou de uma ladeira? O que haveria além da janela da escola? São recursos que facilitam a imaginação e sustentam a possibilidade de criar do leitor.

Obras contemporâneas

2.1 Narrativas curtas nacionais

Indez, novela de Bartolomeu Campos de Queirós, atualmente publicada pela Editora Global em formato retangular, sem ilustrações, mostra a infância de um menino do interior do Brasil. A narrativa traz detalhes íntimos de uma família interiorana, com seus costumes, hábitos e superstições: as relações familiares, os ritos de passagem, as doenças, as festas, as brincadeiras... A história, narrada em terceira pessoa do singular, mostra o olhar sobre a infância, o olhar de um menino, com situações e eventos que marcaram sua vida. Embora seja narrada em terceira pessoa do singular, traduz os sentimentos do menino, que é o personagem principal.

Em relação ao brinquedo, a mãe do Antonio, personagem principal, improvisa e cria brinquedos para ele e os irmãos se divertirem. Como ela é criadora e criativa, ao transformar, por exemplo, a simples comida habitual, quando faltava carne (arroz, ovo frito, chuchu refogado...), em Bandeira do Brasil, em algo a ser admirada e degustada pelos filhos. Ela cria situações de brincadeiras, como a tintura de anilina que joga nas galinhas legornes, tornando-as coloridas:

> **"Com anilinas para doces a mãe**
> **coloria as águas do tanque, uma cor**
> **de cada vez, e mergulhava as alvas**
> **galinhas legornes em banho colorido:**
> **azul, verde, amarelo, vermelho, roxo.**
> **Em pouco tempo, o quintal, como**
> **que por milagre, era pátio de castelo,**
> **povoado de aves – legornes agora raras**
> **– desenhadas em livros de fadas. Ficava**
> **tudo encantamento. (...)" (p. 51)**

Ao longo dos capítulos, que não são numerados, o leitor se depara com uma infância povoada de brincadeiras e de brinquedos criados ou sugeridos pela mãe (bonecas de papelão, por exemplo). Ela era o adulto que incentivava as crianças à ludicidade, à imaginação. Era uma mãe presente, que propiciava um diálogo entre o mundo da criança e a fantasia:

> **"Com a mãe, os filhos aprenderam a**
> **brincar. Ela fazia tudo ficar mais alegre.**
> **Se era longa a distância, ela brincava**
> **de contar as estacas da cerca, de correr**
> **atrás da sombra, de pular carniça,**
> **de andar no ritmo dos escravos de Jó.**
> **Brincar encurta caminho, dizia ela.**
> **(...)" (p. 53)**

Era uma mãe que, mesmo diante da falta, da necessidade (de comida, de brinquedos), imaginava um mundo povoado de fantasias para os filhos. Ao longo da novela, notamos como a relação da mãe com o filho é o que garante a memória e a redescoberta de um tempo passado, de brincadeiras no terreiro, dentro de casa, na roça. É o vínculo da mãe com os filhos e a sensibilidade dela à voz da infância que instalam um campo de ludicidade.

No Brasil rural, mais especificamente em Minas Gerais, um ovo que marca o ninho de uma galinha da roça, que vive solta pelo terreiro, pode virar um brinquedo nas mãos de uma criança. O ovo conhecido como "Indez" fica no ninho, não é usado na alimentação nem é chocado pela galinha. Ele é uma marca de referência para a galinha, para que ela retorne todos os dias ao mesmo ninho. A criança precisa também de um objeto que guarde suas origens, suas marcas da relação com a mãe, com o adulto. A criança precisa saber, como o menino observado por Freud (comentado em outros capítulos desse estudo) durante uma brincadeira de enrolar o cordão no carretel, que a mãe retorna. O brinquedo pode ajudar a criança a entender as separações, as privações e as perdas. É isso que o autor de *Indez* nos propicia: o contato com um universo familiar de escuta às necessidades lúdicas da criança. Para Antonio e seus irmãos não faltaram brinquedos e brincadeiras (criados e inventados pela mãe). Mesmo na hora do almoço, ou de lanches, a expressão criativa e acolhedora daquela mãe dominava a cena:

"Ao fazer biscoitos, massa pronta, ela distribuía pedaços aos meninos. Cada um fazia seus bichos, suas frutas: coelhos, laranjas, serpentes, tatus, bonecos, cachorros. Depois ela assava ou fritava perguntando: querem os bonecos louros ou morenos?" (p. 55)

Nas mãos e na imaginação de uma criança, um ovo indez pode servir como um ovo brinquedo, para a criança experimentar colocá-lo em outro ninho, questionar as origens da vida e a função de um ovo que é um símbolo. Símbolo de vida, de associações como: que depois da noite há o dia, que o tempo passa. Dessa maneira, a novela de Bartolomeu traz, para as crianças, não só o contato com os brinquedos e as brincadeiras, mas também a possibilidade de compreenderem com os objetos que se transformam em brinquedos a passagem do tempo, a reprodução, a vida e a morte.

João Teimoso, de Luiz Raul Machado, com ilustrações de Graça Lima, publicado em nova edição pela Editora Nova Fronteira, possui formato retangular. Em prosa poética, vemos a relação de um menino com o boneco João Teimoso. O menino vivia com o boneco em brincadeiras e perguntas sobre a teimosia do João, de querer ficar só de pé e não ficar deitado. Aquilo intrigava o menino. E o fazia pensar e indagar sobre outras coisas da vida.

A obra coloca a criança em contato com o universo de

pensamentos e dúvidas da criança. E cria a possibilidade de diálogo de um menino com um boneco, o que facilita a inserção da criança na ludicidade. A história conduz o leitor à brincadeira e ao mundo do faz-de-conta.

O boneco servia para o menino como um brinquedo mesmo: para conversar, discordar, dialogar, duvidar. Era como um amigo confidente, que ouvia as histórias, curiosidades e dúvidas do menino. Há um dia em que o menino deixa o boneco se quebrar, quando sobem juntos em uma árvore.

Depois de descobrir as bolinhas de chumbo que moravam dentro do boneco, o menino supõe que aquele era o segredo da teimosia do João, de voltar à posição de pé. Consegue emendá-lo e recupera o boneco, que fica diferente. E faz outros bonequinhos menores, a Joaninha, por exemplo, que é oferecida de presente ao irmãozinho do menino que acabara de nascer.

O narrador se coloca no lugar do menino e do boneco, ao mostrar os diferentes pontos de vista e os sentimentos de cada um frente ao outro e ao mundo:

"João de vez em quando balançava o corpo pra frente e pra trás dizendo pro menino continuar a brincar, comer, correr, crescer e ir lendo as coisas no livro do mundo que é o livro mais lindo do mundo." (p. 2)

A obra traz uma série de questões para o pequeno leitor, como: Por que o João Teimoso só ficava de pé? Qual seria o segredo daquele brinquedo? Isso facilitaria que a criança não só fizesse perguntas, mas investigasse, como fez o personagem da história. Um brinquedo que possibilita subjetivação na criança é aquele que produz dúvidas, indagações, curiosidades.

As ilustrações, lúdicas e poéticas, reforçam o valor da obra como brinquedo, de um livro comprometido com o imaginário da infância. Reproduzem cenas de diálogos entre o menino e o boneco; trazem movimento e um ritmo de brincadeira.

A primeira só é um conto de fadas, publicado atualmente pela Editora Global, na obra *Uma idéia toda azul*, com texto e ilustrações de Marina Colasanti. É um dos contos da referida obra, em formato retangular, com ilustrações em preto e branco. A narrativa apresenta uma menina solitária, princesa, filha única, que não se satisfaz com as coisas feitas ou oferecidas pelos pais.

Era uma criança triste, solitária. É comprada uma bola de cristal (um brinquedo) para a pequena princesa. Quando a menina brinca com a bola, ela a experimenta e a usa com agressividade. Ela a atira em um espelho que se parte, se quebra em pequenos pedaços. E cada vez que quebra vão se multiplicando o tamanho dos pedaços do espelho e as imagens que ela via de si mesma. Diminui o tamanho dos cacos e aumenta a quantidade de pedaços. Aqueles cacos de espelho refletem a imagem da menina. Em um movimento de destruição e de descobertas, a angústia da menina aumenta, pois ela não se contentava com o que via. Que desejo seria aquele da princesa? Ou nem haveria desejo? Seria um não desejo?

É um conto que suscita o pensamento sobre muitos valores universais. Destacamos, principalmente: a solidão, a insatisfação, a destruição. Interessa-nos falar que a bola (brinquedo) desenrola um processo de autoconhecimento e de autodestruição da personagem. E que não havia uma comunicação, um diálogo entre os pais (adultos) e a menina (criança). Havia uma confusão de línguas.

Os desenhos, feitos em gravura, que acompanham a narrativa, retratam a princesa inteira e fragmentada, refletida no espelho quebrado. Podemos pensar na fragmentação que caracteriza a atualidade, tão presente nas relações, nos compromissos e nos desejos. A bola é um objeto atraente, mas para aquela princesa não servia para brincar, ludicamente. Ou melhor, talvez ela não soubesse brincar ou interagir com um objeto de forma lúdica. Serviu para ela buscar, experimentar, romper, destruir-se. Nota-se que há uma insaciabilidade da criança diante de um reino de fartura e uma dificuldade do adulto (dos reis) em lidar com o desejo da criança.

"A primeira só" é primeira, é única, é só. Não há possibilidade da menina se inserir no mundo da infância, pois se sente estranha, infeliz, talvez nem soubesse o que queria, quem era. Lembramos que é um conto de fadas, por isso traz uma linguagem metaforizada dos afetos e valores universais. A bola poderia ser a metáfora da insaciabilidade e a menina poderia representar a depressão que cega e aniquila o ser humano, rodeado de produtos e de um mercado de consumo que não o satisfaz.

De bem com a vida, de Bia Hetzel, ilustrações de Mariana Massarani, da Editora Manati, livro de formato retangular, traz uma personagem menina e seus bichos de estimação. Não aparece sua família. Por onde andarão seus pais? Bia vive em companhia da gata Mel, de quem cuida, dá de comer, faz dormir, como cuidaria de uma boneca. Uma vive só para a outra, até que um dia Bia traz o gato bebê Bem para casa. Instala-se um conflito entre a gata e a menina; surgem o ciúme e a disputa de atenção. A gata Mel fica enciumada, tristonha e desaparece, até que Bia fica de cama e a gata se reaproxima. Que sentimentos estão presentes na relação dessas duas personagens? Elas estariam brincando?

História breve, apresentada em versos, mostra a solidão de uma criança, sem os pais, com os bichos de estimação. E sem os brinquedos convencionais, como bonecas, bolas e bichos de pelúcia. A menina "mora" numa casa na árvore. A casa seria seu brinquedo? Onde estarão os outros brinquedos? Mel e Bem estão no lugar das bonecas e dos bichos de pelúcia? Nenhum brinquedo é mencionado no texto.

Há uma sonoridade presente nas palavras, que torna o texto musical e lúdico[56]:

> **"Mel afaga Bem com a pata,**
> **Cutuca de leve o rabo do amigo**
> **E o Bem move o bigode!**
> **Ele rola, pula, mia.**
> **E o miado do Bem amado**
> **Acaba com o sono da Bia."**

O que está caracterizada no relato é, principalmente, a solidão da personagem humana, a sua convivência com os bichos. E ainda como os conflitos entre os personagens se resolvem: os ciúmes e a hostilidade da gata, a tristeza e o desapontamento da menina, a adaptação de todos na casa, depois que chega o novo morador. Fazemos uma associação à chegada de um novo irmãozinho e do ciúme advindo dessa situação. A literatura infantil, assim como o brincar, pode repetir os afetos da criança para que ela possa elaborá-los.

As ilustrações, em cores, ocupando a página inteira, trazem o universo da menina não relatado no texto: seu quarto, sua cama, seus objetos da casa na árvore. Não se vêem brinquedos propriamente ditos, mas objetos como a bicicleta, lápis de cor, televisão, skate, câmara fotográfica, pé de pato, prancha de surf. E aquário de peixes. Inúmeros objetos de

[56] HETZEL, Bia. De bem com a vida. Ilustrações Mariana Massarani. Rio de Janeiro, Manati, 2001. p. 21.

consumo modernos. Todos transformados em brinquedos. A decoração da casa traz motivos do mundo infantil: as estampas dos vestidos da menina, a sacola colorida, o tapete e a colcha do quarto, os móveis e os quadros. Também aparecem livros. Mas não aparecem os brinquedos. Seriam os gatos os substitutos dos brinquedos e dos pais? Em nossa opinião, os gatos são os substitutos dos brinquedos, assim como a própria casa na árvore.

Os desenhos da artista Mariana Massarani ocupam as duas páginas e fazem uso de características como profundidade, contraste entre cores. São bastante descritivos e mostram ainda uma rotina marcada pelo dia e pela noite e a saída e a chegada em casa. As segunda e terceira capas – as guardas – reproduzem em branco, sobre superfície vermelha, pequenos detalhes das ilustrações, como se fossem esboços das imagens, alguns presentes no miolo, outros não: a menina subindo para a casa na árvore, os gatos passeando na praia com a dona, bichos e elementos do mar... Na capa e quarta capa, vê-se a menina pedalando, com os dois gatos na cestinha da bicicleta. Todos estão contentes passeando por uma ciclovia paralela à praia.

Ao cuidar dos gatos, Bia está brincando e criando pontes de comunicação com o mundo dos adultos. Pontes de compreensão dos sentimentos de solidão, de inveja, de ciúme. Por que chega outro gato para morar na casa? Esta pode ser uma das muitas perguntas da personagem gata e do leitor. E a menina Bia reconquista a gata Mel, levando-a a gostar do gato Bem e todos terminam felizes.

A casa na árvore é a extensão do sonho e da brincadeira da menina. É o brinquedo, simbolicamente falando, espaço onde a personagem tem autonomia e vida própria.

Lembramos aqui um trecho apresentado, na página 50:

"Em relação ao brinquedo, ocorre este mesmo fenômeno: é o adulto quem decide o que pode ser um brinquedo para crianças, diferente de um brinquedo para adultos. A indústria, o comércio e os meios de comunicação de massa criam destinos e funções para os brinquedos, fazendo-os chegar às mãos das crianças."

Mariana Massarani, muito conhecida como ilustradora, possui dois títulos escritos e ilustrados por ela, da Editora Manati: Leo, o todo-poderoso Capitão Astronauta de Leox, a cidade espacial e Marieta Julieta Raimunda da Selva Amazônica da Silva e Souza. O primeiro conta a história do menino Leo, enquanto o outro conta a história da irmã Marieta. São crianças que aparecem sozinhas, sem os pais, na companhia de uma babá que assiste à televisão, enquanto eles brincam. São obras que se completam.

Cada história, separadamente, lembra uma saga, com aventuras, travessuras, conflitos, descobertas; mostram ora o ponto de vista do menino, ora o ponto de vista da menina. As crianças se portam como adultos, donas de suas escolhas, decidem, aprontam com os brinquedos. Os irmãos brincam de casinha, de mocinho e de bandido, com brinquedos modernos e variados. Curiosamente, eles brincam quando os pais estão ausentes e há uma presença/ausência da babá que cuida deles, porque permanece envolvida com a televisão nas duas obras aqui analisadas.

O conflito entre o irmão e a irmã está presente na brincadeira, um ataca o outro, se vinga, o que deixa os sentimentos mais primários à vista: inveja, disputa... Os brinquedos ocupam os espaços da casa, preenchem o vazio deixado pela ausência dos pais e servem como elementos de elaboração dessa falta.

As duas obras possuem formato retangular, ilustrações em cores e guardas ilustradas. **Leo, o todo poderoso Capitão Astronauta de Leox, a cidade espacial** traz o menino Leo terminando a construção de uma cidade espacial, que ocupa quase toda a casa do menino. Vestido com uma máscara e uma capa, ele é condecorado o todo-poderoso "Capitão Astronauta de Leox", a cidade espacial. A máscara usada era uma fantasia velha de carnaval e a capa era uma bandeira do barco que o tataravô navegou pela costa brasileira. Nota-se, aqui, a capacidade de transformar em brinquedos objetos com outra função. O menino envolve-se em aventuras com seus bonecos: *Ique*, o Monstro Barulhento; o *Nojento Verde e Abraços*, a sucuri de borracha. Vai para a banheira, simula uma batalha no mar, até que chega Marieta, a irmãzinha, com o elefante dela e destrói toda a cidade espacial, montada com as invasões e os monstros. Ao final, o elefante é preso por Leo, que faz um vôo pelo espaço sideral.

As ilustrações foram feitas sobre fundo branco, o que valoriza as cenas da história, com o predomínio dos brinquedos. As guardas, também com fundo branco, trazem esboços/ contornos em azul de situações da história: Leo vestido de super-herói, Marieta que atrapalha a brincadeira do irmão, estradas com carrinhos. Todos os desenhos reproduzem brinquedos existentes na casa do menino ou improvisados por ele e cenas de brincadeiras. Assim, é na linguagem pictórica que os brinquedos se presentificam, como a imaginação de uma criança, cheia de fantasias.

Os brinquedos aqui são ferramentas para o "trabalho" da criança: a brincadeira. O menino investe sua libido toda na criação e construção de um mundo onde estão a fantasia, os afetos (raiva, solidão, ciúme, inveja...).

Marieta Julieta Raimunda da Selva Amazônica da Silva e Souza traz uma história com o ponto de vista da irmã, desde o começo, em que ela faz uma coroa de princesa com papel, tesoura e barbante. É uma narrativa que se dedica ao olhar feminino. Já na página 6, o texto relata que a menina vai passear com os brinquedos preferidos dela: *Lino*, o elefante; *Alpiste*, o passarinho; *Perigo*, o cachorro; *Susaninha*, a boneca; *Chapéu*, o homenzinho de cartola e capote; e *Colorido*, o homem de pano. Enquanto se distraem brincando, chega o irmão Leo, o mascarado de capa, e lhe arranca o elefante, seu bicho mais querido. Aqui, Leo não é herói, é bandido. A menina se esquece que é uma princesa e chora como uma irmã mais nova, até inundar o quarto, que vira um mar. A menina e seus brinquedos fazem o guarda-chuva de barco, lancham e navegam para salvar o elefante das mãos do irmão. Armam um plano, enquanto Leo joga videogame e, ao final, salvam o elefante.

As ilustrações, como na obra anterior, foram feitas sobre fundo branco, o que valoriza as cenas de brincadeiras e conflitos; marcam um contraste do branco com as cores, realçam os desenhos. As guardas, também com fundo branco, trazem esboços/contornos em verde de situações da história: Marieta montada no elefante ou num cavalo; Leo que toma o elefante da irmã. Nem todos os desenhos reproduzem os brinquedos, pois na obra presente há menos brinquedos que na anterior; há, portanto, situações de brincadeira, embora a personagem menina possua vários bonecos.

Se, por um lado, o menino é condecorado como herói; a menina se coroa como princesa. São as aspirações e brincadeiras de um menino e de uma menina que estão representados na criação de Mariana Massarani.

Vizinho, vizinha, de Roger Mello, ilustrações de Graça Lima, Mariana Massarani e do próprio Roger Mello, da Editora

Companhia das Letrinhas, é uma obra que mostra a vida contemporânea de dois vizinhos adultos que moram sozinhos: um homem e uma mulher. Cada um vivia com suas peculiaridades, seus costumes, sem intimidades. Um não conhecia a casa do outro. Eles só se encontravam de tarde[57]:

[57] MELLO, R. *Vizinho, vizinha.* Ilustrações Graça Lima, Mariana Massarani e Roger Mello. São Paulo: Companhia das Letrinhas, 2003

"No corredor: Boa tarde, boa tarde,
como tem passado? Como está o tempo?
E é só." (n. p.)

Duas crianças vão romper, por meio de brincadeiras e de objetos que se transformam em brinquedos, a barreira entre os dois vizinhos. Curiosamente, ambos os vizinhos não são casados, não têm filhos e moram desacompanhados. Ele tinha uma sobrinha quase da idade do neto dela. E os pais das duas crianças da história não aparecem.

Na primeira parte da narrativa, os personagens adultos aparecem em suas casas, com uma individualidade particular a cada um, marcada pelo texto e, principalmente, pelas imagens. Como a casa do vizinho foi ilustrada por Mariana Massarani e a casa da vizinha por Graça Lima, o traço, a forma e o estilo de cada artista marcam também a peculiaridade de cada morador. E no meio, no encontro das duas páginas, há a colaboração de Roger Mello, quem criou o corredor, o hall de comunicação entre os dois apartamentos e a escada.

Se, por um lado, o vizinho possui uma coleção de discos da velha guarda, coisas/lembranças dos lugares por onde viajou pelo mundo, tais como um canário, uma máquina de fazer chover, por outro lado, a vizinha possui coisas velhas, uma estante de livros do tamanho do mundo, um relógio que não funciona, um rinoceronte debaixo da pia. E essas intimidades de cada um são conhecidas e partilhadas pelo leitor e pelo neto dela e pela sobrinha dele. O que cada um vizinho sabe e vê do outro é o que é exposto, posto para fora de casa: o relógio defeituoso dela, levado ao conserto e o canário dele, levado a um passeio.

Observa-se como cada um dos dois adultos age como uma criança e possui seus brinquedos: o vizinho constrói uma cidade de papel, molha as plantas no parapeito vestido de escafandro, perde a noção das horas quando lê quadrinhos... Já a vizinha ainda vai aprender a tocar a clarineta, trouxe para a casa um "manual do químico moderno", alimenta um rinoceronte debaixo da pia, brinca de super-herói com o neto...

O grande momento lúdico da história é o encontro das duas crianças, marcado por certa desordem, os objetos são mexidos, levados de um apartamento para outro, momento em que as crianças descobrem os brinquedos das duas casas e transformam também objetos em brinquedos. Podemos entender esse momento como o encontro do universo infantil (as brincadeiras) com o universo adulto (os objetos transformados em brinquedos). O corredor comum aos apartamentos é atravessado por brincadeiras e pela descontração das crianças. O texto se apresenta sem pontuação do português formal[58]:

[58] Mello, R. op. cit., 2003.

"As portas abertas e o convite irresistível: café com quadrinhos regador todos os livros do mundo manual do químico moderno monte de coisas velhas plantas bichos clarinetas" (casa do vizinho)

"Da velha guarda roupas de maratona máquina de fazer chover rinoceronte fotos do mundo inteiro gravuras gravuras gravuras escafandro cidades de papel..." (casa da vizinha)

Nesse instante, tão propício à brincadeira, caracterizado pela ausência dos adultos e pela aproximação das duas crianças, dá-se uma mistura de coisas, de uma casa para a outra e de identidades, cuja intimidade foge ao controle e escapa pelo corredor. A ordem é retomada após a chegada dos vizinhos, quando as crianças não estão mais e os objetos voltam magicamente aos seus lugares.

Em algumas partes da narrativa das imagens aparece a figura de um faxineiro: primeiro apenas os pés, no começo da história, quando os vizinhos ainda não haviam se encontrado; em seguida, ele surge fazendo a limpeza do piso para depois aparecer descansando, deitado sobre o piso; depois ele vai embora e aparece, novamente, ao final, depois que as crianças foram embora, para arrumar a bagunça. Roger Mello o caracterizou vestido ludicamente, como a figura de um palhaço. Ele transita no ponto de encontro que há entre os dois vizinhos: o hall e a escada.

Ao final, cada vizinho permanece dentro de sua intimidade, imaginando o que teria na casa do outro, sem atravessar a fronteira das paredes, como fizeram o neto dela e a sobrinha dele. Permanecem como adultos, controlados, ao contrário das crianças que brincaram e ousaram atravessar a fronteira do desconhecido – as portas e paredes do vizinho – por meio de brinquedos e brincadeiras. Aqui e nas duas narrativas de Massarani, o brinquedo está relacionado com a catarse, com a ousadia das crianças, de como se portam na ausência dos adultos.

Diríamos, mais ainda, que na ausência de um quintal, de uma pracinha, dos pais, dos grupos de amigos, as crianças transformam o impossível em brinquedos: os objetos de decoração e de utilidade doméstica dos dois apartamentos mudam de utilidade e de função, viram brinquedos.

Língua de trapos, de Adriana Lisboa, com ilustrações de Rui de Oliveira, da Editora Rocco, é a última obra analisada desta primeira seção de narrativas nacionais. Em versos, a escritora constrói a história de uma boneca (de trapos), feita de retalhos, que ganha vida à noite, quando as pessoas descansam. O texto trabalha o jogo de palavras "língua de trapo", expressão relacionada a uma pessoa mexeriqueira, falante, ou que se expressa mal ou uma criança que começa a falar e ainda não é bem entendida. Literalmente, a personagem da história é uma boneca feita de trapos, em que cada pedaço que a compõe tem uma fala diferente. Aqui, a transgressão feita pela personagem de falar quando os outros dormem é conseguida por ela ser feita de restos de tecidos e por ser uma boneca. Sua natureza lhe permite transpor os limites da razão. A personagem é constituída por pedaços e linguagens diferentes.

A história tem um caráter bastante descritivo e procura mostrar como a boneca foi feita de pedaços de panos diferentes[59]:

[59] LISBOA, A. *Língua de trapos*. Ilustrações Rui de Oliveira. Rio de Janeiro: Rocco, 2005. p. 7-9.

"No meio dos brinquedos mora a boneca:
de trapos. O rosto, o corpinho, o vestido,
é só trapo, retalho. Pano velho,
restos, fita e renda, barbante comprido.

Foi a mãe quem fez a boneca. De trapos.
O rosto, feltro rosa. A boca, um botãozinho.
O vestido de renda branca, barra cetim carmim.
Braços verdes, lindos. E pernas cor de marfim.
Sapatos azul-pavão. Por baixo do vestido,

umbigo marrom. Finge um tombo: no joelho, de barbante, esparadrapo. Calcinha amarelo-manhã. Cabelo liso e comprido, azul-celeste de lã."

Assim, o texto prossegue e caracteriza a singularidade daquela boneca. As ilustrações foram trabalhadas em técnicas diferentes, de acordo com a diferença, cor e textura dos tecidos citados no texto. Depois de feita a descrição da boneca, a história vai mostrar a fala desandada da personagem, que vai falar por cada pedaço de pano que a compõe, juntando histórias, como a costura de sua roupa e de seu corpo. Ou seja, há a corporificação das muitas falas, enredos e pedaços de pano que resultaram na constituição da boneca, tanto no texto quanto nas ilustrações. Há uma junção (fala/tecido, palavra/retalho) que constrói um brinquedo feito de muitas partes e memórias.

[60] FERENCZI, S. op. cit., 1988.

Recorremos ao texto de Ferenczi[60], apresentado anteriormente nesta pesquisa, quando ele distingue a língua da ternura da criança e a língua da paixão do adulto. Pode-se afirmar que a língua da boneca é a língua da ternura, constituída de aspectos lúdicos da infância, sem o erotismo ou o ponto de vista do adulto. Há uma espontaneidade da fala da boneca, que se desenrola com ludicidade.

Lembramos aqui a boneca Emília, de Monteiro Lobato: feita por Tia Nastácia com retalhos, olhos de retrós e falante. Também buscamos a lembrança do soldadinho de chumbo de Andersen, feito das sobras de um cano velho. Ele também usava a noite, enquanto os adultos e alguns brinquedos dormiam, para falar e sair da caixinha. São bonecos que transgridem a ordem, conversam, reclamam, bisbilhotam e foram feitos de coisas aproveitadas.

O aproveitamento de trapos de tecido ou de um cano velho traz um importante sentido de transformação e de reprodução, um valor de regeneração mesmo para as crianças, que costumam ficar ansiosas diante de situações de perda. E que costumam sentir muito a dor de um machucado ou tombo.

Se, por um lado, a boneca é a costura de fragmentos, por outro lado ela mostra o aproveitamento de fragmentos que tanto simbolizam a contemporaneidade, sem a linearidade, por exemplo, que marcou a modernidade pela famosa citação de Descartes: "Penso, logo existo". A boneca é feita de muitos retalhos e falas, o que abre espaços para a identificação do leitor com uma ou com várias partes que compõem a personagem. Parece-nos que a boneca também marca o hibridismo de que somos feitos: a mistura de etnias, de culturas, uma multiculturalidade de falas e de formas.

Uma boneca de pano, também conhecida como bruxinha, remonta a um Brasil rural – de roças e fazendas – onde a boneca de pano é o brinquedo rústico comumente usado pelas meninas para brincarem, dormirem, levarem consigo. Desse modo, é pertinente ver a boneca como uma representação da própria criança ou de outro humano. A boneca aqui representa a extensão de aspectos humanos para o objeto cultural e folclórico, o brinquedo.

Lembramos uma parte da infância de Winnicott, que aparece no seu caderno de notas autobiográficas[61], quando, aos 3 anos, ele pega um taco de críquete e amassa com violenta pancada o nariz da boneca de cera que pertencia às irmãs dele. Depois, o pai, com um fósforo, remodela o nariz de cera da boneca. Esse gesto pode ter sido inaugural do sentido de reparação, trabalhado por Winnicott, mais tarde. Assim, foi visto aqui como o brinquedo pode ser um objeto de intermediação da relação de amor e de ódio entre a criança e a família, entre os irmãos. A criança destrói o brinquedo, mata o boneco, rasga o livro; e depois esses objetos podem ser reparados e recuperados.

[61] PODKAMENI, Angela B. & GUIMARÃES, M. Antonio Chagas. (org.) *Winnicott na PUC – 100 anos de um analista criativo.* Rio de Janeiro: Nau, 1997.

2.2 Narrativas curtas traduzidas

Gaspar no hospital, de Anna Gutman e Georg Hallensleben, tradução de Antonio Guimarães, da Editora Cosac Naify, é um volume de uma coleção, cujos personagens principais são cães: Gaspar e Lisa. Eles convivem com outros cães e com personagens humanos, como os colegas da escola e pessoas na rua, por exemplo.

Nesse volume, _Gaspar_ junta um dinheiro nas férias, depois de passear com os cães dos moradores do bairro. Compra um chaveiro-de-carro-de-corrida, que acaba levando-o ao hospital por tê-lo engolido. Mas acaba feliz, quando acorda da cirurgia e recebe dos pais um carro de corrida grande, que não ia dar para engolir. _Gaspar_ engole o chaveiro porque queria escondê-lo dos olhos invejosos dos amigos, que são humanos.

História curta, que apresenta uma "criança" envolvida em um mundo de brincadeiras e de supostas invejas. Alguns brinquedos se mostram presentes: desde os cães dos moradores do bairro, o chaveiro, o carro de corridas do sonho da anestesia, ao próprio carro de corrida que recebe ao final dos pais. Há brinquedos, e o que estariam representando? Cães que são levados para passear e carros de corrida, todos implicam em movimento, em força. São representações que potencializam a criança. Aqui os brinquedos representam o movimento e são situações que se repetem três vezes com o carro de corrida.

Até no sonho, Gaspar anda de carro de corrida, brinca de dirigir. Seu sonho é a ponte entre a realidade e a fantasia. Ele precisa se sentir forte, potente e consegue, ao cuidar dos cães dos vizinhos, em troca do chaveiro-de-carro-de-corrida. E é no sonho que ele realiza seu grande desejo de ser gente grande. Na obra há pais, há brinquedo, há sonho. Há pontes para uma criança em busca de soluções para sua necessidade de brincar. As ilustrações mostram o contraste ente o personagem principal, um cão, e seus colegas de escola, humanos. Podemos entender essa representação como uma expressão adulta do brinquedo.

Na narrativa há atos bem comuns às crianças em relação aos brinquedos: engolir algo para esconder dos colegas, ficar numa vitrine olhando o brinquedo desejado, sonhar alto com um brinquedo: o carro de corrida, e a surpresa do presente dos pais. O brinquedo é algo desejado, planejado, fantasiado, sonhado e, finalmente, realizado na cena final em que Gaspar recebe o presente dos pais.

Associamos a presente obra ao *Conto de escola*, em que ambas trazem um pequeno objeto com valor de brinquedo. Se lá é a moeda que desenrola a trama da narrativa, aqui é o chaveiro que o faz, e ocupam o lugar de um fetiche para a criança.

Outro *elemento* presente nas duas narrativas é o dinheiro relacionado ao brinquedo: em *Conto de escola*, a moeda é o brinquedo; aqui, o dinheiro serve para comprar um brinquedo.

Eram cinco, de Ernst Jandl, ilustrações de Norman Junge, tradução de Márcia Lígia Guidin e Lilian Jenkino, da Editora Cosac Naify, apresenta uma narrativa curta, acompanhada de grandes ilustrações, com relevância da linguagem pictórica[62]: "a porta abre/ um sai/ o primeiro vai/ ficam quatro/ a porta abre/ um sai/ o segundo vai/ ficam três/ a porta abre/ um sai/ o terceiro vai/ ficam dois/ a porta abre/ um sai/ o quarto vai/ fica um só/ a porta abre/ um sai/ o quinto vai/ olasseudoutor" é o texto que desconstrói a linguagem, humaniza os bonecos e trabalha a espera, a falta, a perda, a saída/chegada, por meio de brinquedos.

Como os personagens da sala de espera são brinquedos com algum problema ou defeito, como o boneco de nariz quebrado, o sapo manco, que não pula, o urso de braço engessado e de olho tampado, o pato sem uma das duas rodas e um pingüim de corda, mas imobilizado, a história dos brinquedos nos

[62] JANDL, E. Eram cinco. Ilustrações Norman Junge. Tradução Márcia Lígia Guidin & Lilian Jenkino São Paulo: Cosac Naify, 2005.

leva a crer na possibilidade de recuperação e de transformação. Dentro dessa perspectiva, o leitor criança pode acreditar na mudança de sentimentos e na regeneração das coisas perdidas e danificadas, afetos e objetos. Os brinquedos funcionam, assim, como sujeitos que esperam e desejam a transformação.

Na capa, os cinco bonecos aparecem sentados na sala de espera. Cada um mostra, nitidamente, seu defeito ou problema. A luz que vem da sala do médico também está presente na capa. Ao final da história, a penumbra da sala de espera é rompida pela luminosidade da sala do Seu Doutor.

A linearidade da narrativa, que destaca os bonecos sentados em fila de espera, é rompida ao final, com a porta escancarada que focaliza o médico e o seu consultório dos consertos. Na verdade, o aspecto linear e sistemático da obra se contrapõe ao estado "doentio" dos brinquedos. É um paradoxo que cabe ao brinquedo, pela plasticidade e possibilidade de mudanças que um brinquedo oferece à criança.

A porta, ao mesmo tempo, esconde e revela os segredos dos personagens. O abrir e fechar da porta lembram o "fort! da!" do caso relatado por Freud[63] (1920). Nos moldes de uma brincadeira de esconde-esconde, o "fort! da!" e o abrir/fechar a porta escondem, revelam e surpreendem a criança, sem falar que são atos repetitivos, de elaboração.

[63] FREUD, S. op. cit., 1989

Há um importante sentido de reconstrução numa obra em que o texto está desconstruído, sem pontuação, nem utilização de ortografia de letras maiúsculas. O texto melódico e repetitivo abre espaço para os desenhos com expressividade que contam a história dos brinquedos.

Ressalta-se, ainda, a expectativa e a surpresa de quem lê a obra, ao observar os bonecos numa sala de espera, sem saber o que vai acontecer ao final. E, finalmente, é revelado o mistério da história: "olasseudoutor" quebra a brincadeira e põe o leitor em contato com um universo adulto — um médico consertador de bonecos que cura.

Como a boneca de *Língua de trapos*, com curativo na perna, os brinquedos aqui se apresentam, também, fragmentados, machucados. É pertinente também uma associação dos cinco brinquedos, defeituosos, com o soldadinho de chumbo, sem uma perna. Ele nasceu e permaneceu "sem conserto" e seu defeito o leva a um destino trágico. Aqui, os brinquedos quebrados, com problemas, são tratados e recuperados por um doutor de brinquedos.

Curiosamente, nas duas obras traduzidas, destacam-se os personagens animais e os bonecos. Os humanos ganham relevo ao final das narrativas (o doutor dos brinquedos de *Eram cinco* e os profissionais de saúde de *Gaspar no hospital*). Ambas as narrativas trabalham com personagens que precisam da ajuda de um adulto: o médico.

Sabemos que as fábulas e histórias que utilizam os animais como personagens facilitam a identificação dos pequenos leitores com os afetos presentes nas obras. O uso de personagens animais, aparentemente, distancia ou disfarça os aspectos dolorosos tratados nas histórias de nós, humanos; mas, por outra via, a do inconsciente, esse uso aproxima do leitor as questões trabalhadas, sem se tornar um texto didático. Aqui haveria, então, um diálogo com a criança sobre as coisas estragadas, perdidas, que podem ser regeneradas e recuperadas.

2.3 Narrativas sem texto verbal

Brinquedos, narrativa sem texto de André Neves, da Editora Ave-Maria, é uma obra cuja temática central são os brinquedos. Em formato quadrado, a capa e a quarta capa trazem desenhos de brinquedos, aparecendo, principalmente o rosto deles. A segunda e a terceira capas estão em branco.

A "narrativa" mostra, com traços bem realistas, uma cena de uma família: os pais presenteiam os filhos com duas caixas vermelhas. A menina ganha uma boneca e o menino ganha um palhaço, ambos de pano, brinquedos artesanais. Em outro quadro da história, as crianças aparecem brincando com os novos presentes, até que brigam, disputam a boneca e vão assistir televisão.

Enquanto isso, os bonecos ficam jogados para o lado: o palhaço tem um olho para fora e o corpo esfolado e a boneca perde um olho, além de ficar descabelada. São postos numa bolsa de lixo e seguem o destino de um lixo comum numa cidade urbana: da lixeira para o caminhão de coleta de lixo, para um terreno de lixão. Lá são despejados e encontrados por duas crianças catadoras de lixo. A menina fica com a boneca e o menino com o palhaço. Ambos cuidam dos "novos brinquedos", limpando-os, consertando os estragos, remendando-os. Felizes da vida, as duas crianças de classe desfavorecida brincam satisfeitas com os brinquedos consertados. Os bonecos ganharam vida nova, casa e donos zelosos.

Embora os bonecos tenham sido adquiridos novos, sem defeitos, pelos pais das duas crianças, no decorrer da narrativa eles ficam estragados e os meninos se desinteressam por eles. Viraram lixo até serem descobertos pelas outras crianças.

Enquanto os novos donos vão para o trabalho de colher objetos do lixão, os bonecos permanecem na casa, contentes, a esperar. Ocupam, novamente, a função de brinquedos.

Aqui se observa a transformação pela qual passam os brinquedos, com destaque para a descartabilidade deles. Depois de serem usados, amassados e puxados, são desprezados e atirados ao lixo. Porém, o olhar de outras duas crianças é que vai reanimar os bonecos, dando-lhes vida nova, pois haviam virado lixo. O título: *Brinquedos*, sem artigo, deixa um espaço em aberto para diferentes leituras da obra: aqueles bonecos podem ser brinquedos de acordo com o olhar de quem os vê. Como não serviam mais para as crianças de classe média, recuperam a função de brinquedo quando são encontrados por duas outras crianças, de classe inferior.

A obra mostra como é a criança que elege o seu brinquedo e o que é brincadeira para ela. O que é lixo para uma, para outra pode ser brinquedo. Notamos a linearidade na narrativa: um casal, pai e mãe de um casal de filhos, um casal de crianças catadoras de lixo e um casal de bonecos (o palhaço e a boneca).

Trazemos, para enriquecer a análise da obra *Brinquedos*, o poema de Olavo Bilac[64] em que duas crianças brigam por uma boneca, até despedaçá-la:

[64] BILAC, O. "A boneca" *IN O tesouro das virtudes para crianças*. MACHADO, Ana Maria. (org.) Ilustrações Thais Linhares. Rio de Janeiro: Nova Fronteira, 1999. p. 39

"A boneca"

Deixando a bola e a peteca,
com que inda há pouco brincavam,
por causa de uma boneca,
duas meninas brigavam.

Dizia a primeira: "É minha!"
- "É minha!" a outra gritava;
e nenhuma se continha,
nem a boneca largava.
Quem mais sofria (coitada!)

era a boneca. Já tinha
toda a roupa estraçalhada,
e amarrotada a carinha.

Tanto puxavam por ela,
que a pobre rasgou-se ao meio,
perdendo a estopa amarela
que lhe formava o recheio.

E, ao fim de tanta fadiga,
voltando à bola e à peteca,
ambas por causa da briga,
ficaram sem a boneca..."

Tomamos para reflexão a força destrutiva das crianças muito presente nas brincadeiras e na manipulação dos brinquedos desse poema e da história sem texto. Parece que nas brincadeiras as crianças se excedem, são violentas; o que é bastante tolerável aos olhos dos adultos, afinal, são gestos lúdicos. Por outro lado, a destruição permite um recomeço da experiência. A partir da destruição de algo, a criança torna-se capaz de construir uma outra coisa. O brinquedo aqui é um objeto transicional que resiste, como a mãe suficientemente boa, de Winnicott.

As aventuras de Bambolina, de autoria de Michele Iacocca, da Editora Ática, narrativa sem texto verbal, traz a boneca de pano Bambolina, que é desprezada por uma criança, depois de ser presenteada com uma boneca que falava "mamãe" e andava. Bambolina é descartada pela janela e foi encontrada por um mendigo que a usa para ganhar uns trocados. O mendigo brinca de danças em público com a boneca. Na verdade, ela se apresenta publicamente, ao ar livre, como um show. Depois ele a abandona, ao conseguir uma boneca vestida de noiva. Mas ele chora desesperadamente ao se lembrar de Bambolina, como também a primeira dona dela. Depois que a perdem, sentem a falta dela.

Bambolina vai parar nas mãos de algumas crianças de rua, depois nas mãos de dois policiais, até ter a barriga cortada e todo o seu enchimento retirado para uma investigação. Que teria dentro da boneca? É atirada ao chão; em seguida, é encontrada por um lixeiro e recuperada por um consertador de bonecas. Logo, Bambolina vai virar uma boneca cuidada e uma personagem de peças de teatro. Há uma transformação na aparência e na função da boneca.

Aqui, a boneca atravessa um longo trajeto de rejeição e de acolhimento, ao mesmo tempo. Fica suja, rasgada e é recuperada. O brinquedo ganha novas funções nas mãos de cada dono.

A narrativa, em imagens, traz cenas sociais urbanas e mostra o aproveitamento das coisas que são jogadas fora ou esquecidas na rua. Os desenhos, em tons claros, são dinâmicos e sugerem movimento, ou seja, o processo, pelo qual passa Bambolina.

A história de Bambolina é parecida à do Soldadinho de Chumbo, de Andersen. Ambos passam por privações, abandonos e vão se transformando. São brinquedos que mudam com o decorrer do tempo e das situações vividas. O final dessa narrativa sem texto verbal é bastante otimista, pois mostra uma possibilidade de regeneração e de elevação de *status* de vida para a boneca.

2.4 Poemas

Guilherme de Almeida, poeta de São Paulo, que participou da Semana de Arte Moderna, nos deixou inúmeros textos, alguns para crianças. Este poema **O pião**, embora da primeira metade do século XX, está publicado recentemente pela Editora Global, em forma de um livro, com ilustrações de Lélis[65]:

[65] ALMEIDA, G. de. *O pião*. Ilustrações Lélis. São Paulo: Global, 2003

**"A mão firme e ligeira puxou com
força a fieira: e o pião fez uma elipse
tonta no ar e fincou a ponta no chão.
É o pião com sete listas de cores
imprevistas. Porém, nas suas voltas
doidas, não mostra as cores todas
que tem:
- fica todo cinzento, no ardente
movimento...
E até parece estar parado, teso,
paralisado, de pé.
Mas gira. Até que, aos poucos, em
torvelins tão loucos assim, já tonto,**

bamboleia, e bambo, cambaleia...
Enfim, tomba. E, como uma cobra,
corre mole e desdobra então,
em hipérboles lentas, sete cores
violentas, no chão."

O pião, brinquedo tão antigo e pleno de movimentos e de repetições, está presente nos versos. As ilustrações trazem outros brinquedos não ditos no texto: bola, trenzinho, carrinho de corrida, bicicleta. O poeta destaca características relacionadas à repetição e ao movimento.

Ao brincar com as palavras, Guilherme de Almeida abre espaços no poema para o leitor também brincar, seja na sonoridade, seja nos movimentos de sua poesia. No poema, a criança encontra o pião e os recursos formais da poesia, como pontes de comunicação entre o universo onírico e a realidade.

Estaria o autor associando o brinquedo à poesia? O poema ao lúdico? De qualquer forma, nota-se a presença direta do brinquedo, o pião, aquele que vai atrair a contemplação do leitor.

Embora o pião de madeira seja um brinquedo da tradição popular brasileira, de pouco uso nos centros urbanos, é reconhecido e adorado pelas crianças, pelos movimentos, agilidade e formas produzidas, da mesma maneira que o papagaio de papel, presente no *Conto de escola*, de Machado de Assis.

Lembramos, ainda, a semelhança do ato de lançar o pião com o brinquedo do menino observado por Freud (1920). Ambos são brinquedos de se enrolar o cordão e lançá-lo, num movimento mágico, surpreendente e repetitivo. Por isso, trazemos este poema para o nosso estudo sobre o brinquedo.

O ato de lançar o pião é relatado, poeticamente, dando realce aos movimentos: gira, bamboleia, tomba, cambaleia... Há a presença de uma belíssima imagem das cores do pião nos desenhos.

As ilustrações, dispostas em situações circulares, como a da capa e as das páginas 8 e 9 repetem os movimentos, também circulares, do pião. Em outras ilustrações, o artista explorou a idéia de ilusão, associando o pião às cores do arco-íris e ao movimento rotatório da Terra. Salientamos que as abordagens do brinquedo pelo escritor e pelo ilustrador são bastante poéticas e lúdicas. Há um predomínio de um olhar de criança: da descoberta, da dúvida e da surpresa.

Neste poema/livro, o pião é o foco central, feito com um ponto de vista adulto, que mostra a agilidade e a dinâmica desse objeto secular. O brinquedo representa, aqui, uma interessante ilusão: de coisas que podemos ver e imaginar, um sonho mesmo. O pião é como um personagem caracterizado e idealizado nos versos. Chamamos, assim, a atenção para as muitas caracterizações e mudanças pelas quais passa o pião: ele faz uma elipse, parece parado de pé, tonto como uma cobra e se desdobra em hipérboles lentas. Essas transformações atestam a possibilidade de recriação do brinquedo. O poema nos reproduz um pião e os movimentos dele e as impressões que podemos ter acerca disso.

Outro poema de autoria de Guilherme de Almeida foi transformado em livro pela Editora Global, *Tênis*, com ilustrações de Ellen Pestili. Um novelo de lã se transforma em brinquedo na imaginação dos leitores.

De cabeça pra baixo, de Ricardo da Cunha Lima, ilustrações de Gian Calvi, da Editora Companhia das Letrinhas, traz poemas que brincam com as palavras, com o jeito de olhar o mundo, com situações que podem ser embaraçosas para as crianças (um guarda-chuva travado, uma manteiga derretida, um aspirador de pó alérgico...).

Na marca de um non-sense bem construído, há caminhos de escolhas para as dificuldades das crianças, que vão além da vida prática e que a poesia de Ricardo da Cunha Lima acolhe com fantasia. As ilustrações de Gian Calvi exploram a ludicidade e expressam sentimentos de surpresa, de perplexidade, de alegria, estreitando a relação da criança com os poemas e as imagens.

Selecionamos o poema **A bola teimosa**[66], que traz o brinquedo nos versos:

> **"Essa bola é presunçosa,**
> **Geniosa, tão teimosa,**
> **Arrogante, renitente.**
>
> **Se você chutar pra frente,**
> **A bola voa num gás,**
> **Só que como é saliente,**
> **Ela dispara pra trás;**
> **Se você mandar pra lá,**
> **Ela se manda pra cá,**

[66] LIMA, Ricardo da Cunha *De cabeça pra baixo*. Ilustrações Gian Calvi. São Paulo: Companhia das Letrinhas, 2000. p. 32-35

Se sentindo gloriosa.
Como disse, ela é teimosa,
Encrenqueira, presunçosa,
Arrogante, renitente.

Se jogada pra bem alto,
Para baixo ela se esgueira,
Mas vai dar um bruta salto
Se você jogar rasteira;
E se pra esquerda jogar,
Na direita vai parar
Essa bola imperiosa.
Como disse, ela é teimosa,
Cabeçuda, presunçosa,
Arrogante, renitente.
Se você quiser jogar
Ou for tentar competir,
A bola tenta estragar,
Faz de tudo pra impedir;
Se for jogar pólo aquático,
Ela dá um mergulho enfático
E gruda no fundo, irosa.
Como disse, ela é teimosa,
Insolente, presunçosa,
Arrogante, renitente.

Se alguém tênis for jogar,
Ela engorda bem inchada;
Mas a bola vai murchar
Se for pra jogar pelada.
Se pingue-pongue tentar,
Ela pára de pular
E faz gestos, acintosa.
Como disse, ela é teimosa,
Emburrada, presunçosa,
Arrogante, renitente.

Se quiser jogar bilhar,

Ela se torna quebrada;

Se basquete for tentar,

Ela fica bem pesada.

E boliche, nem se meta,

Que ela vai pra canaleta

Zombeteira e toda prosa.

Como disse, ela é teimosa,

Enxerida, presunçosa,

Arrogante, renitente.

Não dá nem pra jogar vôlei,

Bocha, taco, beisebol.

Não dá nem pra jogar hóquei,

Golfe, gude, handebol.

Tá na cara que essa bola

Se sente a dona-da-bola,

Cada vez mais caprichosa.

Como disse, ela é teimosa,

Petulante, presunçosa,

Arrogante, renitente."

Notamos a repetição de certos adjetivos que caracterizam a bola: teimosa, presunçosa, arrogante e renitente. Os versos são como a bola: renitentes e teimosos, recurso que a poesia permite ao poeta: usar na forma aspectos abordados no conteúdo. A bola é personificada em diversas bolas, com variadas funções: a de tênis, de pelada, de pingue-pongue, de bilhar, de basquete, de boliche, de vôlei, de bocha, de taco, de beisebol, de hóquei, de gude, de handebol, o que enriquece a criação de imagens pelo leitor. Aqui o texto virou uma bola. O texto é uma brincadeira. A literatura é um brinquedo.

A bola abordada no poema ganhou funções e formas atualizadas, diferentes de uma bola de meia ou de plástico, mais associadas às tradições folclóricas. Certamente, aqui, a bola representa sentimentos da criança frente ao mundo: a teimosia e a contestação. E traz a possibilidade de mudança; de ser uma bola pequena ou grande ou que pula. Uma bola transgressora, que rompe com a função esperada. É uma bola brinquedo.

Como se trata de um poema em forma fixa, o vilancete, explicado pelo próprio poeta no comentário ao final dos poemas[67], nota-se a repetição de um refrão que tem a palavra "encrenqueira", substituída a cada verso. Há características como o mote e o acompanhamento musical que tornam os movimentos da bola sonoros.

O poeta retrata uma bola que não dá chances para o leitor ficar passivo; ela o provoca, com movimentos e deslocamentos, mostrando uma personalidade forte. É um brinquedo que representa características de uma criança ou de um adulto: uma bola humanizada.

O ilustrador segue um caminho próprio, ampliando imagens que o poema pode suscitar no leitor. Há movimento e há ritmo nas ilustrações, que exploram o ilogismo, levando a criança a brincar com o poema, como brinca com o corpo, ao procurar uma bola teimosa.

Nos desenhos, observamos a presença de crianças e também de adultos correndo atrás da bola, que é apenas sugerida em uma linha de contorno, feita em preto e branco. Não há ilustrações da bola que chamem a atenção do leitor, o que permite a construção ilusória de uma bola. Novamente, as imagens remetem à ilusão e à possibilidade de imaginação do leitor.

A associação entre o corpo e a poesia é trabalhada por Maria da Glória Bordini, em *Poesia infantil*[68], de 1986:

> **"A evidência sonora da poesia,**
> **traço diferencial que aos olhos**
> **despreparados a torna distinta**
> **da prosa, ocupa a linha de frente**
> **quando o texto se destina à criança**
> **(...) O tecido melódico, formado por**
> **aliterações e assonâncias, anáforas e**
> **rimas, estribilhos, acentos e metros**
> **variados, tradicionalmente tem sido**
> **cultivado pelo povo para aquietar a**
> **criança com ritmos hipnóticos ou para**
> **expressar-lhe corporalmente o afeto**
> **dos pais, unindo a voz, que sussurra**
> **ou canta os versos, à carícia".**

[67] LIMA, R. C. op. cit., 2000. p. 51-52

[68] BORDINI, M. da G. Poesia infantil. São Paulo: Ática, 1986. p. 23.

O uso do corpo nos desenhos e nas entrelinhas do texto do poema nos aponta a facilitação de movimentos e jogos pela criança ao manusear a bola. Esse brinquedo tradicional pode simbolizar o globo terrestre e o próprio corpo da criança, propenso a movimentos. Ao personificar a bola, o poeta a aproxima do leitor e de seu próprio corpo. A criança não lê nem escuta esse poema sem sentir os efeitos melódicos e sensitivos da poesia no corpo.

Em outra obra publicada em 2006, Do avesso, com ilustrações de Ivan Zigg, também da Editora Companhia das Letrinhas, Ricardo da Cunha Lima retoma o tema da bola. Agora é a vez da bola de tênis, no poema **A bolinha de tênis**, um brinquedo utilizado em jogo, mas muito manipulado pelas crianças nas brincadeiras.

Dia brinquedo, de Fernando Paixão, ilustrações de Suppa, da Editora Ática, traz poemas feitos em formas diferentes. Selecionamos para a nossa análise aquele que traz elementos concernentes com o trabalho ora proposto: a presença do brinquedo no poema homônimo da obra, o **Dia brinquedo**[69]:

[69] PAIXÃO, F. *Dia brinquedo*. Ilustrações Suppa. São Paulo: Ática, 2004

> **"Gosto de abrir a janela**
> **ver o que passa na rua**
> **menina, cão e bicicleta**
> **sob a luz do meio-dia.**
>
> **Gosto da vida passando**
> **Esquecida dos relógios...**
>
> **Tudo em movimento lá fora**
> **Aqui dentro eu quieto estou:**
> **Volto para a mesa e escrevo**
> **O dia novo vira brinquedo."**

Nota-se um ponto de vista adulto na construção desse poema, que assume uma nostalgia da infância, do que ficou para trás, para fora da janela. "O dia novo vira brinquedo" habita a imaginação de um poeta, de um criador, num tempo sem relógio, o da infância. O tempo que passa, de antes da infância, é o mesmo das coisas que passam na rua.

As ilustrações que acompanham esse poema mostram

uma menina brincando na rua: uma bola, um disco voador, um palhaço e um elefante, situação pouco presente na vida urbana das crianças hoje. É, antes de tudo, a reedição de uma infância e de um tempo imaginário, subjetivo, o do inconsciente. O verbo na 1ª pessoa do singular "gosto" valoriza o desabafo pessoal do poeta.

O desenho da janela, que ocupa uma página inteira, lembra um quadro emoldurado ou um espelho que reflete os pensamentos, as lembranças e, sobretudo, a saudade que não é mencionada, mas está nas entrelinhas.

Curiosamente, o brinquedo está relacionado ao que é novo, visto de quem está dentro (o poeta) de casa. O brinquedo também está associado a uma ilusão, ao imaginário, como um museu de coisas vividas, pensadas e guardadas. O brinquedo existe do lado de fora, na rua, num espaço de movimento; de seres que passam: menina, cão e bicicleta. Podemos entender que a poesia é a novidade, é o próprio brinquedo, ou seja, a criação poética é que atualiza o que foi brinquedo no passado. A distância entre o poeta e a rua equivale à distância entre o mundo adulto do poeta e o mundo da infância. O tempo e o espaço, desse modo, são trabalhados sutilmente pelo autor. Se, na primeira estrofe, é o lado de fora que é caracterizado, na terceira estrofe, é o lado de dentro, o da subjetividade e da criação, que dá voz ao poeta.

Poemas para brincar, de José Paulo Paes, ilustrações de Luiz Maia, da Editora Ática, traz alguns poemas melódicos e brincalhões para crianças, dos quais separo um para o meu estudo, o primeiro, que remete ao próprio título da obra:

[70] PAES, J. P. *Poemas para brincar*. Ilustrações Luiz Maia. São Paulo: Ática, 1991

"Convite"[70]

"Poesia"
é brincar com palavras
como se brinca
com bola, papagaio, pião.

Só que
bola, papagaio, pião
de tanto brincar
se gastam.

As palavras não:
quanto mais se brinca
com elas
mais novas ficam.

Como a água do rio.
que é água sempre nova.
Como cada dia
que é sempre um novo dia.

Vamos brincar de poesia?"

Três brinquedos são tomados pelo poeta: bola, papagaio e pião para serem comparados à poesia. Como nos poemas "O pião", "Dia brinquedo" e "A bola teimosa" e no Conto de escola, aqui aparecem brinquedos da tradição folclórica. Paes mostra a função utilitária do brinquedo que, como um objeto de uso se gasta, em contrapartida, a poesia tem uma capacidade simbólica de encantar pela magia das palavras e de eternizá-las. O brinquedo estaria simbolizado na fala e na escrita, como uma rememoração.

O poema de Paes é descontraído e lúdico. Na verdade, é um convite ao leitor para brincar de poesia. Ele a mostra como uma arte que atualiza as palavras e os versos, permitindo, sempre, a descoberta da novidade pelo leitor. No fundo, o poeta também fala de uma infância passada, cujos brinquedos também se passaram, ficaram para trás. Porém as palavras e as representações daquela infância permanecem.

Ao falar que a Poesia é como um novo dia, Paes traz a idéia de transformação, da palavra como agente que cria e atualiza, dá forma. Isso confirma a possibilidade da literatura como uma expressão de subjetivação, de criação de si.

O ilustrador ocupa duas páginas amplas, de acordo com o formato retangular e grande do livro. Traz imagens dos brinquedos lembrados pelo poeta, mas traz outros não mencionados no poema, como barco de papel, tambor e carrinho. Cria, ainda, imagens com alguns versos desenhados e transformados em brinquedos. Tudo isso compreende um quadro de recordações da infância. Na primeira estrofe, há a brincadeira na e com as palavras. Já na segunda estrofe, há a reinvenção do real, da imaginação.

Destaco que o elemento brinquedo está presente em dois títulos de obras poéticas analisadas, numa associação entre fazer poesia e brincar com as palavras: "Dia brinquedo" e "Poemas para brincar". Também noto como nesses dois poemas o tempo e o fazer poesia são associados.

Intertextualidade e Psicanálise

Começo, agora, a estabelecer associações entre as obras estudadas e alguns elementos da Psicanálise, que enriquecerão a minha leitura.

Ressalto a nostalgia presente nos poemas: o passado, o tempo perdido, a palavra de antes, de outrora. Ou seriam marcas do inconsciente presentes no processo de criação do adulto? De todo modo, mostram o resgate do que passou no texto literário e uma tentativa do adulto de buscar o tempo perdido. A nostalgia está presente nos poemas: "Dia brinquedo" e "Convite" e na narrativa *Indez*.

Nas três primeiras narrativas nacionais contemporâneas, *De bem com a vida, Marieta Julieta da Selva Amazônica da Silva e Souza,* e *Leo, o todo poderoso Capitão Astronauta de Leox,* a cidade espacial, observamos como a falta está presente. Faltam o quintal, a família ou o espaço para as crianças brincarem. As crianças estão sozinhas, sem os adultos. E na quarta narrativa estão também sozinhas: somente em duas ilustrações aparecem acompanhadas pelos adultos, o tio e a avó. Com isso, somos levados a crer que na falta dos pais e dos espaços outrora existentes para a brincadeira, as crianças inventam brinquedos e brincadeiras. E que os brinquedos não podem faltar no mundo das crianças. No caso de "A primeira só", há também a solidão da criança, que não dispõe da presença dos pais, mas de brinquedos que lhe são oferecidos ou ofertados pelos pais. É uma solidão cruel, que angustia, que não deixa possibilidade para a criação, para a ludicidade.

Sabemos que antes do advento da indústria de brinquedos, as crianças brincavam nas casas, quintais e praças. Usavam brinquedos artesanais ou feitos de uma forma doméstica, como uma bola de meia e um papagaio de papel. E mesmo sem o objeto brinquedo, improvisavam e criavam situações de brincadeiras. Isso verificamos na novela de Bartolomeu Campos de Queirós. É claro que o espaço pode favorecer as brincadeiras, mas na falta dele, as crianças são levadas ao improviso, a uma adaptação. Foi a mãe em *Indez* quem criou um espaço de imaginação, de fantasia, com a improvisação de brinquedos e de brincadeiras.

É bom pressupor que a tentativa de se improvisar e inventar brinquedos pode ser um gesto sublimatório da criança (ou do adulto). Ou seja, ela desloca uma representação de um brinquedo para um outro objeto que passa a ser brinquedo. Isso reforça o aspecto simbólico do brinquedo para a criança; ele importa mais pelo que representa.

Há a presença de brinquedos tradicionais, como a boneca/o boneco no conto *O soldadinho de chumbo*, na história *João Teimoso*, na obra *Língua de trapos*, nas narrativas sem texto verbal *Brinquedos e As aventuras de Bambolina*. A boneca ou o boneco funciona como uma representação humana para a criança. É o brinquedo mais próximo de sua condição humana: ela pode niná-lo, dar-lhe de comer, lavá-lo, vesti-lo, colocá-lo para andar. Brincar com um boneco pode facilitar a compreensão da criança sobre si mesma e sobre os outros. Nessa perspectiva, a literatura funciona como um brinquedo.

Notamos os brinquedos populares que são trabalhados nos poemas: "O pião", "A bola teimosa", "Dia brinquedo" e "Convite", na novela Indez e no *Conto de escola*: a bola, o pião, as bonecas de papelão e o papagaio. São brinquedos existentes nos costumes das crianças brasileiras, desde a época do Brasil colônia. Em sua obra *Casa-grande & senzala*, Gilberto Freyre[71] estabelece diversos comentários sobre os costumes dos brinquedos:

"Terão sido os pátios de tais colégios um ponto de encontro e de amalgamento de tradições indígenas

[71] FREYRE, G. *Casa-grande & senzala: formação da família brasileira sobre o regime da economia patriarcal*. São Paulo: Global, 2003. p. 224.

com as européias; de intercâmbio de brinquedos; de formação de palavras, jogos e superstições mestiças. O bodoque de caçar passarinho, dos meninos índios, o papagaio de papel, dos portugueses, a bola de borracha, as danças, terão aí se encontrado, misturando-se. A carrapeta, forma brasileira do pião, deve ter resultado desse intercâmbio infantil. Também a gaita de canudo de mamão e talvez certos brinquedos com quenga de coco e castanha de caju."

A recuperação desses brinquedos tradicionais e populares marca uma memória adulta do passado e a nostalgia que apontamos anteriormente. Já a manutenção desses brinquedos no meio social e cultural das crianças é a garantia da transmissão de representações simbólicas que o brinquedo encerra nele mesmo.

Uma boa maneira de se fugir das regras impostas pelos adultos é por meio de diabruras e travessuras. Verificamos, em algumas obras analisadas, como *Marieta Julieta da Selva Amazônica da Silva e Souza, Leo, o todo poderoso Capitão Astronauta de Leox, a cidade espacial* e *Vizinho, vizinha*, como as traquinagens e o humor cruel são formas de violência toleradas nas crianças, pois têm como objetivo contestar certas questões impostas pelos adultos e a cultura familiar da qual fazem parte: uma família em que os pais estão ausentes e as crianças são cuidadas por terceiros. Diferentemente dessas, *Conto de escola* mostra a presença dos pais, mesmo que imaginária: o pai representado pela autoridade do professor e respeitado pela criança.

Nas duas obras traduzidas, há a presentificação da doença, bem como na obra *De bem com a vida*, ao passo que *O soldadinho de chumbo* não traz a doença, mas traz uma deficiência física do personagem. Essas observações nos fazem pensar na função simbólica do brinquedo: a da criança viver algum sentimento, sem ter que realizá-lo. A literatura como brinquedo. E também exemplificam a literatura como linguagem da ternura, que existe a serviço da criança, fala a linguagem da infância.

Também no conto "A primeira só", há a representação de sentimentos da criança, como a tristeza e a apatia.

Para Winnicott[72] , na formulação de suas teorias, a destruição não se limita ao aspecto negativo. Para ele, a essência da criatividade está no processo de destruição e recriação dos objetos; o que faz parte de sua teoria das relações objetais. Ao utilizar a metáfora da relação do bebê com o seio materno, ele propõe que a "destruição" do objeto-seio, na fantasia, antecede o uso criativo dos objetos. Apontamos obras em que a destruição dos brinquedos estava presente: "A primeira só"; *Leo, o todo poderoso Capitão Astronauta de Leox, a cidade espacial; Marieta Julieta Raimunda da Selva Amazônica da Silva e Souza; Brinquedos, As aventuras de Bambolina* e o poema de Olavo Bilac "A boneca". No conto "A primeira só" há uma destruição sem retorno, sem a perspectiva de recriação ou reparação. A criança, com o brinquedo, destrói o espelho e a si própria.

Ainda sobre a destruição, aproveito para retomar a idéia de pulsão de morte trazida por Freud. As repetições e os movimentos compulsivos marcam a presença da pulsão de morte. Notamos que ela quebra as repetições, instala um outro movimento, quebra o sentido e a normalidade para haver uma outra criação. Logo, a destrutividade presente nas brincadeiras das crianças traz um novo sentido, uma recriação da subjetividade. Na obra "A primeira só", não há a possibilidade de reconstrução do que foi perdido. Talvez no conto esteja presente o movimento de um sofrimento que cessaria com a morte.

A concepção de Winnicott do brinquedo como um objeto transicional, ou como a extensão de um objeto transicional, que proporciona ao bebê ou à criança uma transição do corpo da mãe para a sua autonomia, aponta algumas pistas para o entendimento dos brinquedos presentes nas narrativas analisadas. O brinquedo em algumas das histórias trabalhadas mostra-se como um objeto que permite a autonomia da criança, mesmo quando ele é substituído, como na obra *De bem com a vida*. Nas obras *Conto de escola, Indez, João Teimoso, Leo, o todo poderoso Capitão Astronauta de Leox, a cidade espacial, Marieta Julieta Raimunda da Selva Amazônica da Silva e Souza, Gaspar no hospital, Brinquedos e As aventuras de Bambolina*, ele está representado como o objeto primordial da infância, aquele que traz a voz da criança, como se fosse sua linguagem de comunicação com o mundo. Em outras narrativas, como *O soldadinho de chumbo*, Língua de trapos e Eram cinco, percebe-se, principalmente, que o brinquedo está humanizado, ele é o personagem que fala, que age, que pensa e

[72] WINNICOTT, D. W. op. cit., 1975.

representa, assim, a própria criança. Ele serve como um porta-voz da infância. Já nos poemas, o brinquedo se apresenta como um objeto recuperado da infância. Ele traz a presença da memória, da história afetiva de cada poeta.

Retomo a capacidade de estar só e a capacidade de zelar pelo outro, formuladas por Winnicott[73]. Podemos aplicá-las a algumas obras aqui estudadas: *Conto de escola, De bem com a vida, Leo, o todo poderoso Capitão Astronauta de Leox, a cidade espacial, Marieta Julieta Raimunda da Selva Amazônica da Silva e Souza, Vizinho, vizinha, Gaspar no hospital e Brinquedos*. Cada personagem desses relatos mostra-se capaz de ficar só, na presença de alguém, entretido com o seu brinquedo. O brinquedo, para eles, funciona como o escape para o mundo subjetivo, em que a criança pode ficar só. Ao manipular um brinquedo, a criança mostra que já é uma unidade estabelecida, independente da mãe. O brinquedo serve-lhe como um objeto de subjetivação. Do contrário, a personagem princesa de Marina Colasanti não suporta a solidão nem a relação com o brinquedo. Nada a satisfazia.

Lembramos também as obras em que as crianças criam brinquedos: *Conto de escola, Indez, João Teimoso, De bem com a vida, Leo, o todo poderoso Capitão Astronauta de Leox, a cidade espacial, Marieta Julieta Raimunda da Selva Amazônica da Silva e Souza e Vizinho, vizinha*, como exemplos de situações em que a capacidade de estar só e a de zelar pelo outro facilitaram a adaptação das crianças a uma situação diferente e à criatividade delas. E reforçam a necessidade de as crianças terem os seus brinquedos.

É importante ressaltar como determinados brinquedos aqui tratados adotam sentimentos dos seres humanos, como em *O soldadinho de chumbo, João Teimoso* e "A bola teimosa". São expressões humanizadas traduzidas nos brinquedos, como se fossem a voz da própria criança.

Vimos que de diferentes formas o brinquedo é abordado estilisticamente no texto e nas ilustrações de um livro para crianças, seja se presentificando, concretamente, citado na história ou no poema, seja se presentificando simbolicamente. Algo o representa ou o substitui: porque ele é o objeto soberano da infância.

Um dos aspectos importantes do brinquedo é que traduz as relações sociais. Lembramos Boris A. Novak, no poema de abertura da apresentação deste trabalho: "Eu me estremeci ao ver as brincadeiras das crianças de Sarajevo, porque seus brinquedos, como sabemos, refletem as relações da socieda-

[73] WINNICOTT, D. W. op. cit., 1983.

de 'adulta', os rifles de madeira mostram a guerra em toda a sua crueldade." O brinquedo de uma criança, principalmente aquele que é criado ou é apropriado por ela, é um espelho de sua subjetividade.

O brinquedo na literatura para crianças: Um retorno à infância

[74] "Homo Ludens - do faz-de-conta à vertigem", curadoria de Denise Mattar. Itaú Cultural, São Paulo, de 12/10/05 a 29/01/06.

O brinquedo se mostra presente na nossa sociedade em diversas produções culturais, além da literatura. Muitos artistas plásticos (apenas para citar os brasileiros, como Milton Dacosta, José Pancetti, Candido Portinari, Volpi e Guignard) já haviam materializado e eternizado o brinquedo em algumas de suas obras. A escritora Kátia Canton, na obra *Brincadeiras*, citada na bibliografia, cria versos a partir de pinturas de Volpi. A exposição "Homo Ludens – do faz-de-conta à vertigem"[74], do Itaú Cultural, mostrou em instalações, cenários, pinturas e desenhos o brinquedo como um dos cinco núcleos da exibição. "Faz-de-conta" apresentou obras de artistas brasileiros que representaram e interpretaram o real: a boneca, o papagaio, o cavalinho, a bola...

Vimos na apresentação sobre o brinquedo e na própria história dele como o brinquedo pode representar, para o adulto, um retorno à infância. Um retorno à infância pode parecer uma simples regressão aos olhos de um leigo, mas representa muito mais que isso. É a possibilidade de um adulto reconstituir sua infância, revivê-la e imprimir suas marcas, de quem um dia foi criança, no brinquedo ou na literatura para crianças. A criança que o adulto foi um dia permanece viva dentro de seu mundo interno.

Ao criar uma obra literária ou um brinquedo, o adulto retoma certos sentimentos da infância e os reproduz para o deleite de outras crianças. Isso assinala a reedição de afetos e de experiências presentes em cada artista.

Retomo a idéia do "estranho" na Psicanálise, como algo familiar e, ao mesmo tempo, assustador. Entendemos que o brinquedo pode ser visto como um objeto estranho. Do ponto de vista da criança, o brinquedo traz possibilidades de descobertas. Do ponto de vista do adulto, o brinquedo funciona como um retorno à infância, ou seja, a reedição de coisas recalcadas que ganham novas feições no processo de construção de um brinquedo ou no processo de construção de uma obra literária.

Mircea Eliade[75], estudioso das civilizações e dos mitos, desenvolve um estudo sobre o mito do eterno retorno em diversas civilizações, quando examina os conceitos fundamentais das sociedades arcaicas. Com isso, o autor observou uma característica particular nas diversas sociedades pesquisadas: uma revolta contra o tempo concreto e histórico, uma nostalgia por uma volta periódica aos tempos míticos do começo das coisas. A volta ou o retorno à infância na construção de um brinquedo ou na produção de uma literatura para crianças pode ser explicada pela necessidade de retorno ao que é primordial e lúdico. Isso faz parte da natureza gregária de dividir, inerente ao homem, característica embrionária e primitiva no ser humano. Também podemos aplicar, aqui, a compulsão à repetição, estudada por Freud, como uma volta ou um retorno à infância.

> [75] ELIADE, M. O mito do eterno retorno. São Paulo: Mercuryo, 1992

Voltamos ao crítico Antonio Candido[76], abordado por Zilberman e Lajolo, que nos confessa, depois de citar um belíssimo poema de Álvaro de Campos:

> [76] CANDIDO, A. C. op. cit., 1986. p. 330.

"'Come chocolates,

pequena;

Come chocolates!

Olha que não há mais

metafísica no mundo senão

chocolate.

Olha que as religiões todas

não ensinam mais que a

confeitaria.

Come, pequena suja, come!

> Pudesse eu comer
> chocolates com a mesma
> verdade com que comes!
> Mas eu penso, e ao tirar o
> papel de prata, que é folha
> de estanho,
> Deito tudo para o chão,
> como tenho deitado a vida.'

> "O nosso amor pelos
> contos infantis, depois de
> adultos, é uma espécie de
> procura, como esta do poeta,
> duma posição inefável de
> simplicidade, em que as
> alegrias mais simples não
> fossem desperdiçadas pelo
> mal de pensar e de viver. Uma
> saudade não se sabe bem de
> quê, procurada em vão."

Ao falar de uma procura, de uma posição inefável de simplicidade, nos contos infantis, compreendemos que seja uma linguagem alheia a rebuscamentos e a artificialismos, mas uma linguagem simples, coerente com a criança. A criança costuma ser direta nas suas sempre complexas indagações, que são complexas, sobre si mesma e a vida. Por isso, a linguagem da ternura seria a que tão bem caracteriza a infância, postulação apresentada por Ferenczi[77].

[77] FERENCZI, S. op. cit., 1988.

Talvez, por não saber usar tão bem essa qualidade, a linguagem da ternura, o escritor contribua para o desprazer da leitura ou o desinteresse pela leitura, ao infringir uma espécie de contrato de comunicação. O ponto de vista da infância tem que ser respeitado nas produções literárias destinadas aos pequenos.

Se a criança não entende o que lê e/ou não se envolve com o que lê, ela não se torna parceira do texto e das ilustrações. A fonte de prazer está diretamente ligada à linguagem da ternura, fato que marca a existência de um contrato de comunicação entre a criança e o livro. O grande desafio da literatura para crianças é a existência da linguagem da ternura, a presença estética do que passa a ser Belo. É um desafio para os autores entrarem nesse contrato e saberem administrá-lo bem.

O brinquedo traz a possibilidade de conhecer o mundo e de estabelecer relações no universo imaginário da fantasia. Isso porque a criança brinca, disfarça, imita, inventa, representa, cria com a ajuda do brinquedo. Assim, se estabelece seu processo de conhecimento de si e do outro, como os pais, os irmãos, os familiares, os vizinhos, os amigos, os professores. Ela pode elaborar seus conflitos, suas dúvidas, suas dificuldades emocionais. Ela pode compreender com mais facilidade um mundo povoado de regras, de compromissos, de responsabilidades. O brinquedo pode ser visto como um objeto transgressor das leis do mundo adulto, contudo, lembramos que um brinquedo com regras se aproximaria mais do jogo.

Relembro agora alguns comentários apresentados na parte "O adulto inventa, a criança reinventa: duas línguas no mesmo brinquedo" deste trabalho, com as contribuições de Ferenczi sobre a língua da ternura (a da criança) e a língua da paixão (a do adulto). E retomo ainda a mensagem-poema da Apresentação desta pesquisa "A infância é a poesia da vida/ A poesia é a infância do mundo", de B. A. Novak, em que ao final, não mais em verso, mas em prosa, ele denuncia o gesto cruel dos adultos ao manipularem armas de fogo, na guerra, próximos às crianças. Não seria esse gesto, simbolicamente, uma expressão da língua da paixão, a que se refere Ferenczi? Ora, a arma de fogo de uma guerra de adultos é diferente de uma arma de brinquedo de crianças! Longe de estabelecer um julgamento sobre o brinquedo apresentado no livro para crianças, podemos, sim, observar como está representado em obras para a infância, feitas por adultos. E podemos reparar como a linguagem foi manejada e se foi respeitado o ponto de vista infantil.

Alguns autores consagrados da literatura brasileira para adultos possuem obras de ficção em que fazem um retorno à infância deles e a de todos nós, mostrando o ponto de vista da criança, as relações familiares, as regras do mundo adulto e os brinquedos e brincadeiras dos meninos. Destacamos, principalmente, Graciliano Ramos com *Infância* e José Lins do Rego, com *Menino de engenho*.

Mesmo que a nostalgia e a saudade da infância não estejam expressas diretamente, como vimos principalmente nos poemas em que há um eu lírico, há a presença dos brinquedos na literatura para crianças. O brinquedo ora se apresenta como brinquedo mesmo (bola, pião, papagaio, boneca, carrinho...), ora se apresenta como um objeto que faz as vezes de brinquedo, nas obras *De bem com a vida, Vizinho, vizinha e Conto de escola.* Com isso, podemos conceber a literatura como brinquedo, cuja linguagem da ternura está a serviço da infância.

Quanto aos desejos do adulto presentes no brinquedo, vimos que podem ser tanto um retorno à infância, uma saudade, uma nostalgia, quanto a necessidade de deixar falar a criança adormecida e calada em cada um. Já em relação aos desejos da criança presentes no brinquedo, observamos que são muitos: o de se comunicar, o de construir a relação com o outro, o de se deleitar, o de existir como criança, o de se subjetivar, que possibilita a criação de si.

Subjetividade, brinquedo e literatura

O brinquedo pode ser a porta de entrada para se conhecer a subjetividade da criança. Podemos concebê-lo como um campo de transformação *para* e *da* criança, um encontro criativo (como produto cultural feito pelo adulto) e criador (como símbolo de representações para a criança). Vimos como o adulto trabalha os signos, os objetos transicionais, que permitem a subjetivação da criança, o estabelecimento de um campo paradoxal, de criação e criatividade e sua representação psíquica. Uma subjetivação que mostra o encontro da criança com o signo, que é a potência do encontro, significando que o texto (escrito e ilustrado) é a produção feita pelo adulto, em que a criança se subjetiva – se cria, se desenvolve – com esse texto, num processo de sublimação. É como uma transferência que a criança estabelece com o texto. As representações do brinquedo na literatura para crianças são símbolos que provocam a transferência da criança com o texto – quando ela se identifica ou não, se apropria, associa. É onde se dá a subjetivação da criança.

Reconhecemos que nos poemas, onde o escritor assume claramente seu eu poético e nas narrativas, o ato de escrever para o adulto funciona como um jogo, uma brincadeira, como disseram alguns poetas (José Paulo Paes e Fernando Paixão),

um processo de sublimação. Esse processo também pode estar presente nos contos e narrativas sem texto verbal. E tal qual disse Novak na sua mensagem: "Todo poeta é uma criança grande./ E toda criança é um pequeno poeta./ Todo pintor é um aprendiz grande. E toda criança é um pequeno pintor."

Nossa sociedade contemporânea, governada culturalmente pelo princípio de prazer, depende da crescente importância do lúdico. Lembramos que a palavra ilusão vem do latim "in ludo", que quer dizer brincando. O brinquedo estaria a serviço das nossas ilusões, para fazer frente à sociedade da violência, da banalidade, do autoritarismo, do consumo.

Os brinquedos, se concordamos com as formulações de Winnicott[78], são substitutos simbólicos da mãe. E, se voltamos a Freud[79], na análise do "fort!" e "da!", o "jogo de balançar", notamos a gratificação alucinatória obtida por meio desse processo. Nas produções de faz-de-conta e na manipulação de brinquedos, as imagens e representações têm a função de reatualizar as figuras de autoridade, que tornam possível a autonomia da criança. Retomo o artigo do francês Perrot[80]:

[78] WINNICOTT, D. W. op. cit., 1975.

[79] FREUD, S. op. cit, 1989

[80] PERROT. op. cit., 2002. p. 35

"Do corpo e da pele da mãe para o andador e daí para o ursinho de pelúcia, a boneca ou outro brinquedo e, a partir deles, para imagens ou sistemas incorporados aos livros. Consegue-se a transferência de um significado pelo poder da imaginação, tendo nosso mundo concreto como ponto de partida para um mundo mais abstrato e subjetivo."

O brinquedo pode ser entendido como mais uma elaboração da relação mãe/bebê. Ou como o representante simbólico daquilo que a separação do corpo da mãe inaugurou: a psique. E a literatura que traz o brinquedo com essas possibilidades é brinquedo também.

Noto, finalmente, como o brinquedo pode ser o elemento que alivia as crianças dos medos e ansiedades. Na obra *Gaspar no hospital*, a criança se salva do tédio do dia-a-dia e de sua tristeza de passar por uma cirurgia. Em Eram cinco, os brinquedos precisam se salvar das "doenças". E em De bem com a vida, a personagem menina precisa dos gatos como brinquedos. Não quero estabelecer o brinquedo como o elemento de salvação para a criança. Reitero que ele é um objeto necessário, útil e importante na infância. Ele caracteriza a própria infância. A criança se subjetiva no contato com o brinquedo.

O brinquedo e a ausência do brinquedo

[81] SALGADO, S. *Terra*. São Paulo: Companhia das Letras, 1997. p. 140

Sobre o brinquedo e a sua ausência na vida de uma criança, trago uma importante contribuição do fotógrafo Sebastião Salgado[81]. Em sua obra, *Terra*, composta por belíssimas fotografias em preto e branco, vemos a primeira imagem impressa em duas páginas (6 e 7) com a cena de três crianças brincando com ossinhos. As lentes do artista focaram um momento sublime de brincadeira e de contemplação dos brinquedos. Toda a atenção das crianças está voltada para o brinquedo inventado.

Há dezenas de ossos, de tamanhos e de formas diferentes, alguns dispostos em fileiras, outros mais soltos, como se montassem um cenário rural. Ou seria um cenário urbano? Mais adiante, na página 67, há novamente uma criança, dentro de casa, observada por uma cabra de fora da casa, brincando com ossinhos. Um outro menino, maior, com a cabeça enfiada numa abertura da porta, observa, de cima, o que brinca no chão. Essa fotografia faz parte da seção "A força da vida", uma das cinco partes em que a obra está dividida. Vejamos a legenda da fotografia, mostrada ao final das fotos:

"Cada osso tem um nome e uma função nas brincadeiras que representam a vida dos rebanhos do lugar. Assim, os ossos menores alinhados são de carneiros e materializam os carneiros, que se deslocam sempre em conjunto; os outros ossos pertencem a cavalos, jumentos e bois, que, por sua vez, tomaram forma na vida e no imaginário lúdico dos meninos sertanejos. Ceará, 1983. (p. 140)"

Com isso, compreendemos como e por que a criança inventa um brinquedo, se ela não o possui. Ela precisa do brinquedo para representar-se e representar o mundo, ou seja, para subjetivar-se. Ela precisa do brinquedo para existir! Por isso, falamos que a criança estabelece uma relação transferencial com o brinquedo, ela atribui a ele sentimentos que são ali atualizados, naquela nova relação. Houve, dessa maneira, um deslocamento de um afeto (falta, desamparo...), de uma representação para outra.

Em relação à ausência do brinquedo na literatura para crianças nas obras aqui trabalhadas, entendemos que há uma ausência física do brinquedo em algumas obras, mas não simbólica. Ele se faz presente em outros objetos, como vimos nas obras *Conto de escola* (moeda), *De bem com a vida* (casa na árvore, com todos os objetos) e *Vizinho, vizinha* (os objetos dos dois vizinhos) e nas fotografias de Salgado (ossinhos). Podemos entender a ausência como uma *"falta de"* brinquedos, o que aconteceu nas cenas fotografadas pelo artista. Isso nos leva a crer, no caso da literatura para crianças, que o que não está dito em palavras, pode estar dito em ilustrações, no caso das obras citadas acima e também nas expressões e nas brincadeiras da criança.

A ausência do brinquedo na literatura para crianças pode ser interpretada de diversas maneiras, como a negação da infância ou a simbolização de outros objetos que ocupam o lugar do brinquedo, ou até mesmo como a predominância da linguagem da paixão – do adulto. Sabemos que o brinquedo está ausente em muitas obras da literatura para crianças, das quais não tratamos na nossa leitura. E salientamos que não é a presença do brinquedo que caracteriza uma obra como literatura para crianças. A presença do brinquedo não é condição para a literatura para crianças, até porque toda literatura é lúdica.

Quando alguns objetos se apresentam no lugar do brinquedo, como vimos em algumas obras, caso de *Indez* (as galinhas coloridas, a comida semelhante à Bandeira Nacional), é porque houve uma capacidade de brincar da criança (ou do adulto), que transforma o objeto em brinquedo.

O brinquedo torna-se um modelo de produção e atividade cultural, como um livro de literatura ou objeto de arte, não se limitando a uma simples relação com o real. Portanto, vai além do real; ele é um objeto simbólico e imaginário. Ele comporta simbolizações e representações por lidar com a subjetividade da criança.

Lembro novamente Novak: "Depois de milhares de dias de guerra, de milhares de noites escondidas em sótãos (para as crianças todos os dia são infinitamente longos), o instinto infantil de mexer e brincar tinha prevalecido. Simplesmente tinham que sair para o quintal e para a rua, correr e satisfazer sua necessidade de brincar!"

Conclusão

O brinquedo nas obras para crianças se faz presente de várias formas, como apresento aqui. Ele se materializa como recurso para o reconhecimento de cada leitor e das coisas e das pessoas que o rodeiam. O brinquedo aparece como um objeto da infância, um objeto antigo ou moderno, como um instrumento de lazer, para ser manuseado. Ou como um objeto a ser descoberto pela criança. Tanto na prosa como na poesia, o brinquedo está representado na literatura para crianças.

Sabemos que o brinquedo tende a estar ausente em outras obras destinadas à infância, onde elementos e aspectos do mundo adulto ganham relevo. Ou outros elementos tomam conta do espaço da infância, como situações do dia-a-dia das crianças, sem espaço para o brinquedo.

A literatura pode ser uma ponte entre a criança e a subjetividade. O livro pode ser uma ponte entre a criança e o brinquedo. O brinquedo é a ponte entre a criança e o mundo. Pontes que se cruzam, pontes que construímos, pontes que atravessamos. Pontes que se repetem nos brinquedos.

É a literatura que possui a qualidade de criar pontes por lidar com conteúdos fantasiosos, com metáforas, com possibilidades de entender e compreender o mundo "como se fosse". "Como se fosse" um carro de corrida, "como se fosse" uma casa, "como se fosse" um brinquedo... As relações, as descobertas, as conquistas e os conflitos na literatura não estão estanques e cristalizados. Existem como uma possibilidade de leitura e de interpretação que só a arte oferece.

E relembro que a ludicidade, presente no brinquedo e na literatura, pode ser um elemento de formação da subjetividade. Pode, ainda, ser uma marca de resistência contra uma sociedade que valoriza o utilitarismo e o consumo, ao ser a defensora da obra literária. E pode, ao final, ser um antídoto, em uma sociedade de relações deprimidas e perversas, como a representada no conto "A primeira só". A ludicidade é o motor para a garantia da imaginação na vida das crianças.

Não é à toa que notamos na análise de algumas obras o uso da transgressão e da catarse pelos autores. Ambas permitem ao leitor, à criança, um mergulho na ludicidade e na brincadeira, como recursos para combater algumas dificuldades que cercam as crianças: a apatia, a tristeza, a adicção, a falta, a melancolia, a solidão.

A ousadia da criança ao brincar, ao manipular um brinquedo, em algumas das obras analisadas, mostra o potencial de um brinquedo para a infância. O brinquedo é um instrumento de trabalho, a serviço do inconsciente, dos desejos subtendidos dos pequenos. É o objeto soberano da infância.

Hoje não é possível mais conceber a criança como um vir a ser, como um projeto de homem, como um ser futuro. A criança é o presente, o hoje, o agora. Nem se pode impedi-la de ter acesso ao brinquedo. Nem podemos conceber a criança como um mero reprodutor de sentidos do mundo adulto ou como um ser passivo que aceita os livros e os brinquedos feitos pelos adultos.

Ao brincar e ler, a criança se insere como sujeito da dúvida, como um interlocutor para quem foram criadas as produções culturais. O brinquedo na literatura para crianças mostra a atemporalidade do inconsciente, reedita as marcas infantis que convivem com as atuais; marcas anteriores e posteriores ao Édipo: a criança que há em todos nós.

Como trabalhei aqui com duas categorias da cultura, o brinquedo e a literatura, observo que a produção cultural para a infância tem funcionado como um substituto para coisas que as crianças perderam, como o quintal, a rua, a praça, os grupos, a família, os pais... E, para sustentar essas perdas, o mercado de consumo tem ditado as regras, marcadas por um autoritarismo que entra nas nossas casas pela televisão ou por outros meios de comunicação, como o computador. No entanto, podemos fazer dessas produções encontros entre mundos que se distanciaram, o passado e o presente, o adulto e a criança, o brinquedo e a criança, a serviço da memória, da criatividade e da criação. Seria desejável podermos tomar a literatura para crianças como uma expressão de arte comprometida com o imaginário da criança.

É possível afirmar que o brinquedo representado na literatura para crianças funciona, para o adulto, como uma produção sublimatória, em que esta atividade criativa e criadora encontra seu elemento propulsor na força da pulsão sexual. E funciona, para a criança, como um objeto de transferência, para o qual a criança atribui sentimentos, inaugura uma nova relação com o brinquedo. Uma relação que tem uma enorme importância no presente das crianças, mas que também abre caminhos para experiências futuras – de entretenimento, de trabalho, de expressões criativas, de subjetividades e de criação de si.

O brinquedo como algo estranho atesta sua dupla expressão: a de ser um objeto familiar e a de ser um objeto surpreendente, tanto para a criança quanto para o adulto. Desse modo, o brinquedo se insere no lugar das grandes produções culturais, as que permitem a subjetivação e que servem como objeto de distração.

A literatura como brinquedo não é uma novidade da idade contemporânea, mas é, sim, uma marca das criações artísticas comprometidas com o belo e com o deleite. Essa literatura valoriza a criança como sujeito da dúvida e da produção de sentidos. A literatura como brinquedo abre caminhos para a criança se defrontar consigo mesma e com os outros ao permitir a subjetivação e a criação de si, tão necessárias à infância.

Apêndice

Tomo a liberdade de trazer aqui o relato de uma situação vivida por mim, em abril de 2006, na fase final da redação deste texto, feito inicialmente como Dissertação de Mestrado. É um encontro que ilustra a importância do brinquedo como uma linguagem atemporal e universal. E mostra, ainda, como o brinquedo pode ser uma criação de si, uma representação simbólica de aspectos da subjetividade:

Um brinquedo na praia

Um dia de outono, na praia de Ipanema. Ao chegar com a minha filha de 2 anos, abrimos a toalha e descobri duas cédulas de 2 reais esquecidas na areia. Olhei para os lados, com as cédulas na mão, como se eu perguntasse com o gesto para quem estava perto: de quem são? Não houve resposta. Não apareceu o dono. Guardei-as debaixo da toalha, na expectativa que pudessem ser de um vendedor ambulante, que retornaria procurando-as. Ficamos próximas do mar, para facilitar as brincadeiras com a água e a areia.

Em algum momento, aproximou-se de nós um menino:

— *Compra um milho pra mim, tia.*
— *Não trouxe dinheiro.*
— *Então, posso brincar com ela?* — (apontando para a minha filha)
— *Você está querendo um brinquedo para mexer na areia?*

Sem me responder, começou a brincar com os brinquedos, enchendo-os, fazendo bolinhos... Fiquei desconfortável com a situação, pensando um monte de coisas: que ele poderia ser o membro de uma quadrilha, que levaria minha filha com ele, que ele estaria querendo alguma coisa não dita...

— *Você está sozinho?*

— *Tô, vim pra cá muito cedo, pra mergulhar.*

— *Como você veio, sem dinheiro?*

— *Não pago passagem no ônibus.*

Vi que usava uma cueca, estava molhado, era magro e devia ter uns 8 anos. Reparei que suas mãos eram envelhecidas.

— *Quantos anos você tem?*

— *Tenho 12.*

— *Não parece, você tem irmãos?*

— *Tenho oito, oito não, sete, somos oito mais a mãe.*

— *Onde é a sua casa?*

— *Que casa? Tenho não.*

— *Onde está a sua mãe?*

— *Em Bonsucesso.*

— *Ela não veio?*

— *Não.*

Se me sentia apreensiva e com medo, ele também se sentia, me fazendo perguntas:

— *Cadê o pai dela?*

— *Ele não veio.*

— *Ela gosta de mim?*

— *Acho que ela está gostando de brincar com você. Veja como ela sorri.*

Eu o observava, com a mesma curiosidade que ele também me olhava. Notei um machucado que atravessava a sua cabeça e decidi perguntar:

— *O que é esse traço comprido na sua cabeça? Uma cicatriz?*

— *É, costuraram.*

— *O que foi?*

— *Um moleque me derrubou de uma passarela na Rodoviária Novo Rio. Caí num canal.*

— *E aí? Te levaram para o hospital?*

— *Foi.*

— *Deve ter aberto toda a sua cabeça.*

— *Foi.*

Eu não falava com tanta tranqüilidade como agora. Também pedia ao menino que falasse me olhando, pois tive dificuldade de entender a fala dele, para dentro, cabisbaixa. Muitas vezes, o perguntava: o que é mesmo? Não entendi. Ele repetia...

Estava preocupada, olhando para os lados, se via outros meninos que podiam estar acompanhando-o. E tinha medo de surgir algum homem e me assaltar ou levar a minha filha. Eu também pensava na vida daquele menino, o que seria dele daqui a cinco anos, olhava para o mar e o infinito não me respondia. Era uma vida sem perspectivas. Pensava nos meus outros filhos, na minha infância, nos abrigos que tive e que...

Enquanto isso, ele e minha filha brincavam com os brinquedos de praia. Ela produzia uns sons guturais, ele a imitava. Eles se divertiram. Ela não deu uma palavra. Eles se comunicavam com aqueles sons regredidos e com os movimentos da brincadeira. Ele fazia montes de areia e ela os derrubava. Então ele foi buscar água e notei que sua cueca estava furada. E ele viu que o balde vazava água e estava trincado. Foi logo se justificando:

— *Não fui eu que furei, tia.*
— *Ele estava furado mesmo.*
— *Dá pra brincar...*
— *Como você se chama?*
— *Jeferson. E se o pai dela chegar e brigar comigo?*
— *Por que ele vai brigar com você?*
— *Porque eu estou mexendo nos brinquedos dela.*
— *Você está brincando porque eu deixei. Nós estamos todos aqui juntos.*

Ele estava tenso e preocupado. Levantava um brinquedo e perguntava o que era; forma de bolo, peneira, pá, panelas, peixe... Fizeram comidas, camas, mesas, brincaram de casinha.

— *O pai dela ia deixar eu adotar ela?*
— *Por que você quer adotá-la?*
— *Pra brincar todo dia.*
— *Por que você não brinca com seus irmãos?*
— *Dá não, eu não fico com eles. Fico na rua, debaixo de loja.*
— *E por que você não volta pra casa?*
— *Não!*
— *Sua mãe trabalha?*
— *Vende bala no ônibus.*
— *E seu pai?*
— *Cuida de carro na rua, não sei onde ele está.*

Em um momento inesperado, me indagou:

— *Vai entrar na água com ela, não?*
— *Não, prefiro apenas olhar o mar. Ela já se molhou com as ondas.*

Continuou a fazer perguntas sobre os brinquedos, fazendo bonecos e formas na areia, comunicando-se com minha filha por meio de sons e da brincadeira. Não houve uma troca de palavras entre eles.

— *Você está na escola?*
— *Não.*
— *Por quê? A escola é um lugar para você ter colegas, brincar, aprender a ler, a escrever, a fazer continhas...*
— *Só fiz um pouco de escola.*
— *Quanto tempo você ficou? Você sabe ler?*
— *Sei não.*
— *O que você tem vontade de fazer?*
— *Ser pedreiro, fazer casas...*

Fiz as perguntas mais racionais e civilizatórias para o menino. Ele começou a fazer um buraco; naquele momento, fiquei apreensiva, com receio do que existiria por trás daquela brincadeira. Ele voltou a fazer perguntas...

— *E se o pai dela chegar?*
— *Você está com medo dele?*
— *Tô, dele me tirar daqui.*
— *Ele não vai tirar você daqui não.*
— *Me enterra, tia, tô fazendo um buraco pra ficar guardado.*

Fui empurrando a areia com os pés, daquele jeito não ficava tão vulnerável e presa à situação. Mantinha os olhos passeando pelas ondas, pelas pessoas... Ele ficou todo coberto pela areia e cerrou os olhos, cansado. Minha filha jogou areia no rosto dele, num gesto peralta, para ele se levantar. Ele fez uns movimentos estranhos e perguntei o que sentia.

— *Tô com dor de barriga.*
— *Será que você está com fome? Com sede?*
— *Tô não.*
— *É melhor você se levantar, lavar o corpo e comer algu-*

ma coisa. Vou te dar este dinheiro aqui para você comer ou beber alguma coisa.

— *Brigado, tia.*

Foi até uns poucos metros dali, onde se encontrava a roupa dele, dobrada, uma bermuda e uma camiseta sujas. Sacudiu-as, caiu um cigarro, continuou a sacudi-las. Voltou até mim, com as duas cédulas na mão...

— *Eu tinha um dinheiro igual a este e sumiu...*

— ?

— *Agora vou poder ficar com o que você me deu.*

— ?

— *Vou mergulhar.*

— *Jerferson, moro aqui perto, quer ir lá em casa pegar uma comida, roupas, livros para você e seus irmãos?*

— *Não, vou é brincar mais!*

Perdeu-se nas ondas. Permaneci, em pé, segurando minha filha no colo e procurando o menino. Até que ele saiu do mar e foi até um homem e uma menina que jogavam frescobol, supus que ele pedia para jogar e o homem dizia que não. Jerferson voltou ao mar, dando saltos e ficou com aquele brinquedo grande, cheio de movimentos. Preferi ir embora naquele momento em que ele estava contente junto ao mar.

Voltei a pensar nas cédulas encontradas na areia. Eram dele! Tornei a pensar sobre o brinquedo: para aquele menino, de 12 anos, e para a minha filha, de 2 anos. O brinquedo tinha uma linguagem universal e dispensava a fala e as regras. Lá, naquele momento único, o brinquedo ultrapassou as diferenças de idade, de classe social, ultrapassou o medo, a vergonha... O brinquedo foi um desejo de criança. O brinquedo fez história!

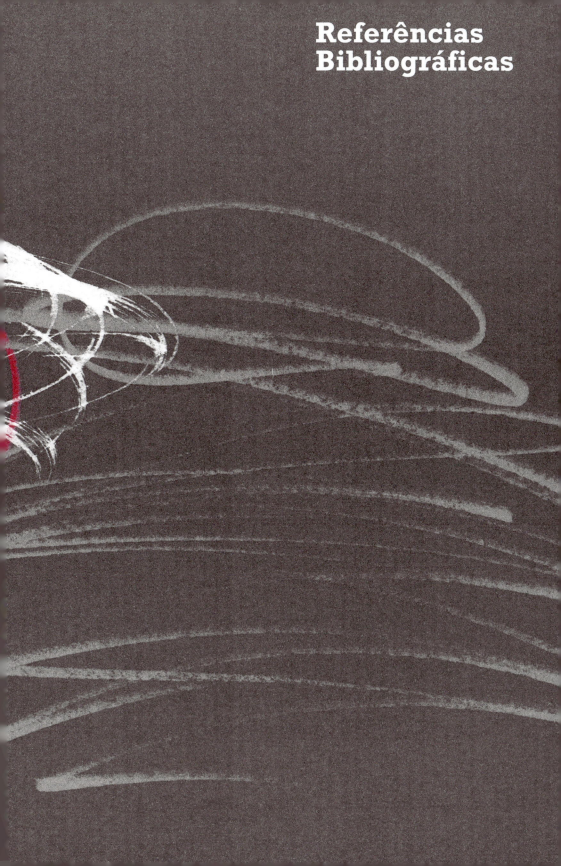

Referências
Bibliográficas

1. Bibliografia de Ficção:

1. 1. Obras Consultadas

ALMEIDA, Guilherme de.*Tênis*. Ilustrações Ellen Pestili. São Paulo: Global, 2003.

ASSIS, Machado de. *Obra Completa*. 3 v. Rio de Janeiro: José Aguilar Ltda., 1959.

BARBOSA, R. A. *Duula, a mulher canibal – um conto africano*. Ilustrações Graça Lima. São Paulo: DCL, 2000.

BENEVIDES, R. *Fabíola foi ao vento*. Ilustrações Marcelo Ribeiro. Rio de Janeiro: Revan, 2000.

BIERMANN, Franziska. *O Sr. Raposo adora livros!* Ilustrações Franziska Biermann. São Paulo: Cosac Naify, 2004.

CANTON, Kátia. *Brincadeiras*. Pinturas Volpi. São Paulo: Martins Fontes, 2006.

COLLODI, C. *As aventuras de Pinóquio*. Tradução Marina Colasanti. São Paulo: Companhia das Letrinhas, 2002.

CUNHA, L. *A menina da varanda*. Ilustrações Nelson Cruz. Rio de Janeiro: Record, 2001.

FALCÃO, A. *Mania de explicação*. Ilustrações Mariana Massarani. Rio de Janeiro: Salamandra, 2001.

GRIMM, Jacob e Wilhelm. *Contos de Grimm*. Ilustrações Elzbieta Gaudasinska. São Paulo: Companhia das Letrinhas, 1996.

LIMA, R. C. *Do avesso*. Ilustrações Ivan Zigg. São Paulo: Companhia das Letrinhas, 2006.

LISBOA, Alaíde. *A bonequinha preta*. Belo Horizonte: Lê. 2005.

-----------. *O bonequinho doce*. Belo Horizonte: Lê. 2005

LOBATO, Monteiro. *Memórias da Emília e Peter Pan*. Ilustrações J. U. Campos e André Le Blanc. São Paulo: Brasiliense, 1962.

MACHADO, Ana Maria. (org.) *O tesouro da juventude para crianças*. Ilustrações Thaís Linhares. Rio de Janeiro: Nova Fronteira, 1999.

MACHADO, Luiz Raul. *Fulustreca*. Ilustrações Graça Lima. Rio de Janeiro: Ediouro, 1997.

MARQUES, Francisco (Chico dos Bonecos). *Muitos dedos: enredos. Um rio de palavras deságua num mar de brinquedos*. Fotografias Marcelo Berg. São Paulo: Peirópolis, 2005.

MUNDURUKU, Daniel. "A morte da velha bruxa" *IN As serpentes que roubaram a noite e outros mitos*. Ilustrações das crianças Munduruku da aldeia Kato. São Paulo: Peirópolis, 2001. (Coleção Memórias ancestrais, povo Munduruku)

PERES, Sandra & TATIT, Zé. *Antigamente & Tente entender*. Ilustrações Zé Tatit. São Paulo: Cosac Naify, 2005.

QUEIRÓS, Bartolomeu C. de. *Menino de Belém*. Ilustrações Mário Cafieiro. São Paulo: Moderna, 2003.

RAMOS, Anna Claudia. Coleção Coisas de Criança (*Brincadeira de criança; Brincando na escola e Brincadeiras de todos os tempos*). Ilustrações Anna Claudia Ramos. São Paulo: Larousse, 2005/2006.

RAMOS, Graciliano. *Infância*. Rio de Janeiro: Record, 2003.

REGO, José Lins do. *Menino de engenho*. Rio de Janeiro: José Olympio, 2005.

ROMERO, Sílvio. "João mais Maria" *IN Folclore brasileiro 2 – Contos populares do Brasil*. Edição anotada por Luís da Câmara Cascudo e ilustrada por Santa Rosa. 2 ed. Rio de Janeiro: José Olympio, 1954. (Coleção Documentos Brasileiros)

ROSA, João Guimarães. *Fita verde no cabelo*. Ilustrações Roger Mello. Rio de Janeiro: Nova Fronteira, 1992.

SANDRONI, Luciana. *Minhas memórias de Lobato: contadas por Emília, Marquesa de Rabicó e pelo Visconde de Sabugosa*. Ilustrações Laerte. São Paulo: Companhia das Letrinhas, 1997.

SKÁRMETA, Antonio. *A redação*. Ilustrações Alfonso Rufano. Tradução Ana Maria Machado. Rio de Janeiro: Record, 2003.

STRAUSZ, R. *Uólace e João Victor*. Ilustrações Graça Lima. Rio de Janeiro, Salamandra, 1999.

1. 2. Obras Analisadas

ANDERSEN, Hans Christian. *Contos de Andersen*. Ilustrações originais Vilh. Pedersen & Lorenz Frolich. São Paulo: Paz e Terra, 2004.

ALMEIDA, Guilherme de. *O pião*. Ilustrações Lélis. São Paulo: Global, 2003.

ASSIS, Machado de. *Conto de escola*. Ilustrações Nelson Cruz. São Paulo: Cosac Naify, 2002.

COLASANTI, Marina. *Uma idéia toda azul*. São Paulo: Global, 2002.

GUTMAN, Anna & HALLENSLEBEN, Georg. *Gaspar no hospital*. Tradução Antonio Guimarães. São Paulo: Cosac Naify, 2003.

HETZEL, B. *De bem com a vida*. Ilustrações Mariana Massarani. Rio de Janeiro: Manati, 2001.

IACOCCA, Michelle. *As aventuras de Bambolina*. São Paulo: Ática, 2006.

JANDL, ERNST. *Eram cinco*. Tradução Márcia Lígia Guidin & Lilian Jenkino Ilustrações Norman Junge. São Paulo: Cosac Naify, 2004.

LIMA, R. C. *De cabeça pra baixo*. Ilustrações Gian Calvi. São Paulo: Companhia das Letrinhas, 2000.

LISBOA, Adriana. *Língua de trapos*. Ilustrações Rui de Oliveira. Rio de Janeiro: Rocco, 2005.

MACHADO, Luiz Raul. *João Teimoso*. Ilustrações Graça Lima. Rio de Janeiro: Nova Fronteira, 2007.

MASSARANI, *Mariana. Leo, o todo poderoso Capitão Astronauta de Leox, a cidade espacial*. Ilustrações Mariana Massarani. Rio de Janeiro: Manati, 2002.

--------------------. *Marieta Julieta Raimunda da Selva Amazônica da Silva e Souza*. Ilustrações Mariana Massarani. Rio de Janeiro: Manati, 2002.

MELLO, R. *Vizinho, vizinha*. Ilustrações Graça Lima, Mariana Massarani & Roger Mello. São Paulo: Companhia das Letrinhas, 2003.

NEVES, André. *Brinquedos*. Ilustrações André Neves. São Paulo: Ave-Maria, 2000.

PAES, José Paulo. *Poemas para brincar*. Ilustrações Luiz Maia. São Paulo: Ática, 1991.

PAIXÃO, Fernando. *Dia brinquedo*. Ilustrações Suppa. São Paulo: Ática, 2004.

QUEIRÓS, Bartomoleu Campos de. *Indez*. Belo Horizonte: Miguilim, 1989.

2. Bibliografia de Referência:

2. 1. Geral

ABDALA JÚNIOR, Benjamin. *De vôos e ilhas – literaturas e comunitarismos*. São Paulo: Ateliê Editorial, 2003.

ABDALA JÚNIOR, Benjamin (org.). *Margens da Cultura: mestiçagem, hibridismo & outras misturas*. São Paulo: Boitempo, 2004.

BHABHA, Homi K. *O local da cultura*. Belo Horizonte: UFMG, 2003.

BOSI, Alfredo. *O enigma do olhar*. São Paulo: Ática, 1999.

--------. "Raimundo Faoro leitor de Machado de Assis" IN *Estudos avançados*. Universidade de São Paulo: Instituto de Estudos Avançados. v.18, n° 51. São Paulo: IEA, 2004.

BOSI, Alfredo et al.; participação especial de Antonio Callado et al. *Machado de Assis*. São Paulo: Ática, 1982.

CALVINO, Ítalo. *Cidades invisíveis*. São Paulo: Companhia das Letras, 1990.

CANCLINI, Nestor García. *A globalização imaginada*. São Paulo: Iluminuras, 2003.

CANETTI, Elias. *A língua absolvida: história de uma juventude*. São Paulo: Companhia das Letras, 1987.

DELEUZE, Gilles. "Décima nona série: do humor" IN *Lógica do sentido*. São Paulo: Perspectiva, 1974.

DURAND, Gilbert. *O imaginário. Ensaio acerca das ciências e da filosofia da imagem*. 3 ed. Rio de Janeiro: Difel, 2004.

EDWARDS, Paul. *The Encyclopedia of Phillosophy*. New York: Macmillan Publishing Co., 1967.

ELIADE, Mircea. *Mito do eterno retorno*. São Paulo: Mercuryo, 1992.

FREYRE, Gilberto. *Casa-grande & senzala: formação da família brasileira sobre o regime da economia patriarcal*. 47 ed. São Paulo: Global, 2003.

-----------. *Sobrados & mucambos: decadência do patriarcado rural e desenvolvimento do urbano*. 15 ed. São Paulo: Global, 2004.

HABERMAS, Jürgen. "Consciência moral e agir comunicativo" *IN Consciência moral e agir comunicativo*. Rio de Janeiro: Tempo Brasileiro, 1983.

LAÊRTIOS, Diógenes. *Vidas e doutrinas dos filósofos ilustres*. 2 ed. Brasília: UNB, 1977.

MAGALHÃES JÚNIOR, Raimundo. *Vida e obra de Machado de Assis*. 4 v. Rio de Janeiro: Civilização Brasileira; Brasília: INL/MEC, 1981.

MASSA, Jean-Michel. *La Jeunesse de Machado de Assis* (1839-1870) – Essai de biographie intelectuelle. Volume 1. Thèse pour le doctorat ès-lettres prèsentée à la Faculté des Lettres et Sciences Humaines de Poitiers. Poitiers.

MÉSZAROS, Istvan. *A teoria da alienação*. Rio de Janeiro: Zahar, 2001.

NIETZSCHE, Friedrich. *Além do bem e do mal: prelúdio a uma filosofia do futuro*. São Paulo: Companhia das Letras, 1992.

ONFRAY, Michel. *Cynismes – portrait du philosophe en chien*. Paris: Bernard Grasset, 1990.

OSTROWER, Fayga. *Acasos e criação artística*. Rio de Janeiro: Campus, 1990. 292 p.

------------------. *Criatividade e processos de criação*. 12 ed. Petrópolis: Vozes, 1997. 188 p.

PEREIRA, Lúcia Miguel. *Estudo crítico e biográfico*. 2 ed. São Paulo: Cia Editora Nacional, 1939.

PUJOL, Alfredo. *Machado de Assis*. Rio de Janeiro: José Olympio, 1934.

SALGADO, Sebastião. *Terra*. Introdução José Saramago. Versos Chico Buarque, São Paulo: Companhia das Letras, 1997.

SAID, Edward. *Reflexões sobre o exílio e outros ensaios*. São Paulo: Companhia das Letras, 2003.

SEARLE, John R. *Speech acts — an essay in the Philosophy of Language*. Cambridge: University Press, 1990.

TORRES FILHO, Rubens. *Ensaios de filosofia ilustrada*. São Paulo: Brasiliense, 1987.

2. 2. Psicanálise

BETTELHEIM, Bruno. *A Psicanálise dos contos de fadas*. Rio de Janeiro: Paz e Terra, 1988.

BIRMAN, Joel. *Por uma estilística da existência: Psicanálise, modernidade e arte*. São Paulo: Editora 34, 1996.

------------. *Mal estar na atualidade: a psicanálise e as novas formas de subjetivação*. 5 ed. Rio de Janeiro: Civilização Brasileira, 2005.

DOLTO, Françoise. *Solidão*. São Paulo: Martins Fontes, 2001.

FERENCZI, Sándor. *Escritos Psicanalíticos – 1903-1933*. Rio de Janeiro: Taurus, 1988.

--------------. *Obras Completas. Psicanálise I, II, III e IV*. São Paulo: Martins Fontes, 1992.

FREUD, Sigmund. *Obras completas*. Rio de Janeiro: Imago, 1989. 24 v.

-----------. *Obras Completas*. Buenos Ayres: Amorrortu, 1988. 24 v.

-----------. *"Além do princípio do prazer"*, 1920, IN Obra Psicológica Completa de Sigmund Freud. v. XVIII. Rio de Janeiro: Imago, 1989.

------------. "Chistes e sua relação com o inconsciente",1905, *IN Obra Psicológica Completa de Sigmund Freud*. v. VIII. Rio de Janeiro: Imago, 1989.

------------. "Uma criança é espancada: uma contribuição ao estudo das perversões sexuais", 1919, *IN Obra Psicológica Completa de Sigmund Freud*. v. XVII. Rio de Janeiro: Imago, 1989.

------------. "Escritores e devaneios", 1907/1908, *IN Obra Psicológica Completa de Sigmund Freud*. v. IX. Rio de Janeiro: Imago, 1989.

------------. "O estranho", 1919, *IN Obra Psicológica Completa de Sigmund Freud*. v. XVII. Rio de Janeiro: Imago, 1989.

------------. "Fetichismo", 1927, *IN Obra Psicológica Completa de Sigmund Freud*. v. XXI. Rio de Janeiro: Imago, 1989.

------------. "O humor", 1927, *IN Obra Psicológica Completa de Sigmund Freud*. v. XXI. Rio de Janeiro: Imago, 1989.

------------. "Inibições, sintomas e angústia", 1926, *IN Obra Psicológica Completa de Sigmund Freud*. v. XX. Rio de Janeiro: Imago, 1989.

------------. "O mal estar na civilização", 1930, *IN Obra Psicológica Completa de Sigmund Freud*. v. XXI. Rio de Janeiro: Imago, 1989.

GARCIA-ROZA, Luiz Alfredo. *Acaso e repetição em Psicanálise: uma introdução à teoria das pulsões*. 2 ed. Rio de Janeiro: Jorge Zahar, 1986.

JONES, Ernest. *A vida e a obra de Sigmund Freud*. 3 v. Rio de Janeiro: Imago, 1989.

KLEIN, M. *O sentimento de solidão*. Rio de Janeiro: Imago, 1975.

KUPERMANN, Daniel. *Ousar rir — humor, criação e Psicanálise*. Rio de Janeiro: Civilização Brasileira, 2003. p. 386.

LACAN, Jacques. *Os quatro conceitos fundamentais da Psicanálise*. Rio de Janeiro: Jorge Zahar, 1988.

LANDA, Fábio. *Ensaio sobre a criação teórica em Psicanálise: de Ferenczi a Nicolas Abraham e Maria Torok*. São Paulo: UNESP, 1999.

MASSON, Jeffrey Moussaieff. *A correspondência completa de Sigmund Freud para Wilhelm Fliess – 1887-1904*. Rio de Janeiro: Imago, 1987.

PODKAMENI, Angela B. & GUIMARÃES, M. Antonio Chagas. (org.) *Winnicott na PUC – 100 anos de um analista criativo*. Rio de Janeiro: Nau, 1997.

RADINO, Glória. *Realidade Psíquica e contos de fadas*. São Paulo: Casa do Psicólogo, 2003.

ROUDINESCO, Elizabeth. *Por quê a Psicanálise?* Rio de Janeiro: Jorge Zahar, 2000.

WINNICOTT, D. W. *Conosca a su niño – psicología de las primeras relaciones entre el niño y su familia*. Buenos Aires: Paidós, 1986.

------------------. *Da pediatria à Psicanálise: obras escolhidas*. Rio de Janeiro: Imago, 2000.

------------------. *O ambiente e os processos de maturação – estudos sobre a teoria do desenvolvimento emocional*. Porto Alegre: ARTMED, 1983.

------------------. *O brincar e a realidade*. Rio de Janeiro: Imago, 1975.

ZIZEK, Slavoj. *Eles não sabem o que fazem – o sublime objeto da ideologia*. Rio de Janeiro: Jorge Zahar, 1992.

2. 3. Literatura para Crianças

ARROYO, L. *Literatura infantil brasileira*. São Paulo: Melhoramentos, 1998.

BOJUNGA, Lygia. *O livro*. Rio de Janeiro: Casa Lygia Bojunga, 2005.

BORDINI, Maria da Glória. *Poesia infantil*. São Paulo: Ática, 1986. (Série Princípios)

CADERMATORI, Lígia. *O que é literatura infantil*. 4 ed. São Paulo: Brasiliense, 1987. (Coleção Primeiros Passos, 163)

COELHO, N. N. *Literatura infantil – teoria, análise, didática*. São Paulo: Moderna, 2000.

-------------. *O conto de fadas*. São Paulo: DCL, 2003.

COOPER, S. *Dreams and wishes – essays on writing for children*. New York: McElderry Books, 1996.

COTT, Jonathan. *Pipers at the gates of dawn – the wisdom of children's literature*. New York: Random House, 1983.

EGOFF, S. *Worlds within: children's fantasy from the middle ages to today*. London: American Library Association, 1984.

FRAIBERG, S. H. *Os anos mágicos*. São Paulo: Brasiliense, 1980.

FUNDAÇÃO NACIONAL DO LIVRO INFANTIL E JUVENIL – FN-LIJ. Notícias 1, nº 1, v. 19, janeiro de 1997. p. 4-5.

HARRISON, B. & MAGUIRE, G. *Innocence & experience – essays & conversations on children's literature*. New York: Lothrop, 1987.

HAVILAND, V. *Children and literature – views and reviews*. New York: Lothrop, 1974.

HAZARD, P. *Books, children & men*. Boston: The Horn Book, 1944.

HELD, J. *O imaginário no poder – as crianças e a literatura fantástica*. São Paulo: Summus, 1980.

HUNT, P. *Children's literature*. London: Routledge, 1990.

LAJOLO, M. e ZILBERMAN, R. *Literatura infantil brasileira – histórias e histórias*. São Paulo: Ática, 1991.

OLIVEIRA, Ieda de. *O contrato de comunicação da literatura infantil e juvenil*. Rio de Janeiro: Lucerna, 2003.

PEREIRA, Lúcia Miguel. *Escritos da maturidade: seletas de textos publicados em periódicos (1944 – 1959)*. 2 ed. Rio de Janeiro: Graphia.; Fundação Biblioteca Nacional, 2005.

PERROTI, Edmir. *O texto sedutor na literatura infantil*. São Paulo: Ícone, 1986.

RODARI, G. *A gramática da fantasia*. São Paulo: Summus, 1982.

SANDRONI, Laura. *De Lobato a Bojunga: as reinações renovadas*. Rio de Janeiro: Agir, 1987.

SERRA, E. D. (org.) *Ética, estética e afeto na literatura para crianças e jovens*. São Paulo: Global, 2001.

STEPHENS, J. *Language and ideology in children's fiction*. London: Longman, 1992.

TOWNSEND, J. *Written for children*. London: The Bodley Head, 1995.

ZILBERMAN, Regina. (org.) A produção cultural para a criança. 2 ed. Porto Alegre: Mercado Aberto, 1984.

ZILBERMAN, Regina & LAJOLO, Marisa. *Um Brasil para crianças. Para conhecer a literatura infantil brasileira: histórias, autores e textos*. São Paulo: Global Universitária, 1986.

2. 4. Brinquedo

ARIÈS, P. *História social da criança e da família*. Rio de Janeiro: Guanabara, 1989.

BENJAMIN, W. *Reflexões sobre a criança, o brinquedo e a educação*. São Paulo: Duas Cidades; Editora 34, 2002.

BRITO, Marilza Elizardo Brito. (coord.) *Álbum Carioca: energia elétrica e cotidiano infanto-juvenil (1920-1949)*. Ilustrações Centro da Memória da Eletricidade no Brasil. Rio de Janeiro: Centro da Memória da Eletricidade no Brasil, 2005.

BROUGÈRE, Gilles. *Brinquedo e cultura*. São Paulo: Cortez, 2004.

CASCUDO, Luís da Câmara. *Civilização e cultura: pesquisas e notas de etnografia geral*. São Paulo: Global, 2004.

CHEVALIER, Jean & GHEERBRANT, Alain. *Dicionário de símbolos. Mitos, sonhos, costumes, gestos, formas, figuras, cores, números*. 2 ed. Rio de Janeiro: José Olympio, 1989.

FRIEDMANN, A. *Brincar: crescer e aprender – o resgate do jogo infantil*. São Paulo: Moderna, 1996.

"Homo Ludens - do faz-de-conta à vertigem" (catálogo e exposição), curadoria de Denise Mattar. Itaú Cultural, São Paulo, de 12/10/05 a 29/01/06.

HUIZINGA. J. *Homo ludens – o jogo como elemento da cultura*. São Paulo: Perspectiva, 1980.

KISHIMOTO, Tizuko Morchida. (org.) *O brincar e suas teorias*. São Paulo: Pioneira, 2002.

------------------. *Jogo, brinquedo, brincadeira e a educação*. São Paulo: Cortez, 2005.

KRAMER, Sonia & LEITE, Maria Isabel. (org.) *Infância e produção cultural*. 2 ed. Campinas, Papirus, 2001.

MEIRELLES, Renata. "Pipa, pião e chicote" *IN Revista de História da Biblioteca Nacional*. Rio de Janeiro: Fundação Biblioteca Nacional, ano 1, nº 4, outubro de 2005.

WINNICOTT, D. W. *O brincar e a realidade*. Rio de Janeiro: Imago, 1975.

Ninfa Parreiras nasceu em Itaúna, Minas Gerais, e mora no Rio de Janeiro há mais de 15 anos. Autora de obras da literatura infantil: Com a maré e o sonho; A velha dos cocos; Um mar de gente; Coisas que chegam, coisas que partem; Um teto de céu e O morro encantado. Mestre em Literatura Comparada pela Universidade de São Paulo – USP (2006), com a pesquisa: "A Psicanálise do Brinquedo na Literatura para Crianças". Graduou-se em Letras (1988) e em Psicologia (1997), pela Pontifícia Universidade Católica do Rio de Janeiro (PUC) – Rio de Janeiro. É Membro Psicanalista da Sociedade de Psicanálise Iracy Doyle, Rio de Janeiro. Trabalha em duas áreas diferentes, marcadas pela presença da palavra e da subjetividade – a Literatura e a Psicanálise; como especialista na Fundação Nacional do Livro Infantil e Juvenil (FNLIJ), desde 1987, e professora na Estação das Letras, RJ (desde 2003) e como psicanalista, numa clínica de atendimentos a crianças e adultos. É membro da Letra Falante, grupo de pesquisa em literatura infantil. É mãe de três filhos: Dafne, Ícaro e Lice.